21
Abnormal Psychology

경계선
성격장애

조성호 지음

_ 나는 누구인가

학지사

'이상심리학 시리즈'를 내며

21세기를 살아가는 우리는 급격한 변화와 치열한 경쟁으로 이루어진 현대사회에 적응해야 하는 커다란 심리적 부담을 안고 있다. 이러한 현실 속에서 현대인은 여러 가지 심리적 문제와 장애에 직면하게 될 가능성이 높다.

정신건강에 대한 사회적 관심이 증대되면서, 이상심리나 정신장애에 대해서 좀 더 정확하고 체계적인 지식을 접하고자 하는 사람들이 늘어나고 있다. 그러나 막상 전문서적을 접하게 되면, 난해한 용어와 복잡한 체계로 인해 쉽게 이해하기 어려운 것이 현실이다.

이번에 기획한 '이상심리학 시리즈'는 그동안 소수의 전문가에 의해 독점되다시피 한 이상심리학에 대한 지식을 일반 독자들에게 소개하기 위한 것이다. 이를 위해서 다양한 정신장애에 대한 최신의 연구 내용을 가능한 한 쉽게 풀어서 소개하려고 노력하였다.

'이상심리학 시리즈'는 서울대학교 심리학과 임상·상담 심리학 교실의 구성원이 주축이 되어 지난 2년간 기울인 노력의 결실이다. 그동안 까다로운 편집 지침에 따라 집필에 전념해준 집필자 모두에게 감사드린다. 아울러 어려운 출판 여건에도 불구하고 출간을 지원해주신 학지사 김진환 사장님과 한 권 한 권마다 좋은 책이 될 수 있도록 성심성의껏 편집을 해주신 편집부 여러분에게 고마움을 표한다.

인간의 마음은 오묘하여 때로는 "아는 게 병"이 될 수 있다. 그러나 이러한 우려보다는 "아는 게 힘"이 되어 보다 성숙하고 자유로운 삶을 이루어나갈 수 있는 독자 여러분의 지혜로움을 믿으면서, '이상심리학 시리즈'를 세상에 내놓는다.

2000년 4월
서울대학교 심리학과 교수
원호택, 권석만

2판 머리말

　누구도 자신이 어떤 사람인지에 대한 공고한 상을 제대로 갖추지 않고서는 원만한 일상생활을 영위해나가기 어렵다. 이 책에서 다루는 경계선 성격장애의 가장 핵심적인 문제 중 하나는 자기정체성의 혼란과 불안정성이다. 이러한 혼란과 불안정성은 자신을 가치 있는 존재로 인식하는 것이나 안정적인 인간관계 및 사회생활을 영위해나가는 것을 어렵게 만든다. 이로 인해 파생되는 심리적 문제는 우울, 불안, 분노, 공포, 의심 등 웬만한 심리적 장애에서 발견되는 주요 증상을 거의 다 포괄할 만큼 다양하고 심각하다.

　경계선 성격장애는 그것을 겪는 당사자는 물론이고 가족이나 주변 사람들에게도 크나큰 고통과 불편을 초래한다. 심지어 전문 상담자에게도 경계선 성격장애는 여간 다루기 까다롭고 어려운 문제가 아닐 수 없다. '경계선 성격장애를 제대로 치료해내는 상담자는 다른 심리적 문제도 제대로 치료해낼 수 있다.' 는 말이 있을 만큼 경계선 성격장애를 제대로 치료해내는 것은 모든 상담자의 오랜 숙원이었다.

다행히도 상담자들의 끈질긴 노력 덕분에 경계선 성격장애가 왜 발생하는지, 효과적인 치료 방법은 무엇인지에 대한 이해가 꾸준히 축적되어 왔다. 바로 이런 점을 소개하는 것이 이 책을 쓴 목적이기도 하다. 제대로 된 이해는 해결의 실마리를 제공하며, 해결에 도달할 때까지 겪게 되는 고통과 불편을 인내할 수 있게 한다. 이는 경계선 성격장애로 고통 받는 당사자는 물론이고 가족이나 주변 사람들의 경우도 마찬가지일 것이다.

이 책을 통해 독자가 경계선 성격장애라는 심각한 심리적 장애에 대해 조금이라도 더 이해할 수 있게 되기를 바란다.

2016년

조성호

차 례

경계선 성격장애란
무엇인가

1. 나는 누구인가

독자 중에 〈베티 블루Betty Blue〉라는 영화를 본 사람이 있을 것이다. 1986년 몬트리올 영화제에서 대상을 받기도 한 이 영화는 개봉 당시 큰 사회적 반향을 불러일으킨 일종의 문제작이다.

여기에서 이 영화를 언급하는 이유는 이 영화의 주인공인 베티가 이 책에서 다루고자 하는 경계선 성격장애와 무관하지 않기 때문이다. 어떻게 보면 책에 나와 있는 것보다도 이 영화에서 묘사하고 있는 베티의 성격과 행동이 경계선 성격장애를 훨씬 더 실감나게 나타내는 것으로 느껴질 정도다. 그렇다면 이 영화에서 나타내고 있는 베티의 행동 및 성격 특징을 살펴보자.

베티는 한 가지 일에 지속적으로 집중하지 못하고 이곳저곳 되풀이해서 직장을 전전한다. 또한 베티는 자신을 진정으로 이해하고 사랑해준다고 생각하는 남자친구를 제외하고는 타인과 친밀한 관계를 맺지 못한다. 그녀의 눈에 남자란 육체적인 사랑만 추구하는 존재일 뿐이다. 지금의 남자친구를 만나기 전에도 여러 남자와 만나고 헤어짐을 반복했다. 어떤 때는 세상의 모든 것을 다 얻은 듯 행복하고 생기발랄하지만, 어떤 때는 우울과 공허감에 빠져 마치 얼이 빠져있는 듯 보이기도 한다.

베티는 상황 판단을 제대로 하지 못하고 이성을 잃어버린 듯한 행동을 자주한다. 또한 분노가 일어나면 사람들이 미쳤다고 할 정도로 예상 밖의 섬뜩한 행동을 한다. 베티는 화가 날 때면 살림살이를 엉망으로 부숴버린다. 고용주에게 폭언을 하고 집에 불을 지르며, 까다로운 손님은 포크로 팔을 찔러버린다. 소설 출판을 거부한 편집장에게는 얼굴에 상처를 입히고, 남자친구에 대한 불만을 손으로 유리창을 깨버리는 행동으로 표현하기도 한다. 베티는 분노를 표출할 대상이 분명치 않을 때는 자기 자신에게 분노를 표출한다. 예를 들어, 자신의 얼굴과 머리카락을 거칠게 다루고, 급기야는 포크로 자신의 눈을 찌르기도 한다.

경계선 성격장애를 다룬 또 다른 유명한 영화로서 1999년에 개봉한 〈처음 만나는 자유Girls, Interrupted〉를 들 수 있다. 이 영화는 정신병동에서의 2년간의 생활을 묘사한 수잔나 케이

슨Susanna Kaysen의 실화를 영화화한 작품으로, 정신병원에 수용된 주인공인 수잔나 역을 맡은 위노나 라이더, 또 다른 입원 환자인 리사 역을 맡은 안젤리나 졸리의 명연기로도 유명하다. 이 영화에서 주인공 17세의 수잔나는 다량의 수면제 복용으로 응급실에 실려 간 후 자살 미수로 판정받아 정신과 의사의 상담을 받게 된다. 그녀는 자신의 자살 기도를 부인하지만, 경계선 성격장애라는 진단명으로 정신 요양원에 입원하게 된다. 여기서 주인공이 나타내는 여러 가지 행동과 증상 역시 〈베티 블루〉에서 베티가 나타낸 여러 가지 행동과 비견된다.

사실 베티와 수잔나가 나타낸 행동은 경계선 성격장애의 전형적인 증상이다. 즉, 이런 증상은 영화 속의 주인공에게서만 발견되는 것은 아니다. 경계선 성격장애는 성격이나 행동 방식이 특이해 사회에 잘 적응하지 못하는 성격장애 가운데서도 발생 빈도가 높은 장애 중 하나다. 이해를 돕기 위해 다음에서 제시하고 있는 신문기사와 치료 사례를 살펴보자. 이와 같은 일을 독자는 얼마나 경험하는가?

여대생인 K양은 고등학생 때까지는 평범한 학생이었다. 대학에 진학한 후 삶의 목표를 잃고 '이렇게 살아서 뭐하나.' 하는 생각을 자주 했다. 곧잘 싫증을 느껴 남자친구도

> 🔑 **영화속의 베티: 몇몇 장면**

조그는 서재에 앉아 있지만 거실에서 베티가 켜놓은 텔레비전 소리가 너무 거슬린다. 그래서 서재문을 닫고 씩씩거리며 앉아있는데, 베티가 팝콘을 가지러 들어왔다가 거칠게 문을 닫고 나간다. 참다 못한 조그는 "베티, 오늘따라 왜 이리 멍청해!"라고 소리를 친다. 베티는 유리문 저편에서 뒤돌아보더니 손으로 유리문을 깨버린다. 손에서는 피가 주루룩 흘러내린다. 베티는 소독을 해주려는 조그를 뿌리치고 속옷만 입은 채로 밤거리로 뛰쳐나간다. (중략)

일을 마치고 집으로 돌아온 조그는 집 안이 난장판이 되어 있고, 며칠 전에 베티에게 선물한 아기 옷이 갈기갈기 찢겨져 있는 것을 발견한다. 식탁 위에는 한 장의 종이가 놓여있다. 임신반응 결과 베티가 임신이 아니라는 병원의 진단서였다. 그리고 베티는 아무 데도 없었다. 베티를 찾아 이리저리 정신없이 헤매던 조그는 아무런 소득도 없이 집으로 돌아온다. 그새 베티는 집으로 돌아와 있었다. 그러나 그녀의 모습이 너무나 섬뜩하다. 머리는 되는대로 자르고 헝클어놓은 채 흉측하게 화장을 하고 앉아있다. (중략)

조그는 차를 몰고 집으로 돌아오는 길에 구조대가 지나가는 것을 보고 불길한 예감이 들어 급하게 집으로 차를 몬다. 집 안은 난장판이 되어 있다. 주위 사람들에게 무슨 일이냐고 물어보니 베티가 포크로 자기 눈을 찔렀다고 한다. (중략)

조그는 정신병동의 병실 침대에 누워있는 베티를 쓰다듬으며 사랑한다고 말한다. 그러고는 베티가 베고 있던 베개로 베티의 얼굴을 눌러 질식시킨다. 그는 계속 눈물을 흘린다. 비를

> 맞으며 집으로 돌아온 조그는 따뜻한 수프를 먹으며 베티를
> 꼭 닮은 고양이를 곁에 두고 글을 써내려가기 시작한다.

수시로 바꿨다. 충동적으로 남자친구에게 먼저 성관계를 요구했지만 관계 후에는 곧 자책했다. 최근에는 학교에 가는 도중 갑자기 우울해져 청평호수에서 자살을 기도했다(동아일보, 1998. 9. 22.).

　친구 문제로 상의하고 싶습니다. 능력도 있고 인간적인 매력도 있는 친구인데 몇 번 남자관계에 실패한 후 성격이 변하는 것 같아 걱정입니다. 소유욕이 강한 면이 있기는 했지만 요즘에는 내게 만나자고 전화했을 때 사정이 있어서 거절하면 그것을 못 견뎌 합니다. 최근에는 그 정도가 심해져서 아무 때나 전화를 해서는 나오라고 명령하듯 말하고, 거절하면 마구 화를 내고 저를 비난합니다. 그러면 저도 죄책감이 들어 하는 수 없이 친구의 부탁을 들어주게 됩니다(동아일보, 1999. 8. 4.).

　T 씨는 별다른 직업이 없는 29세의 남성이다. 그는 두 번의 자살 시도 끝에 정신병원 응급실로 실려 왔다. 그의 치료자에 따르면, 그는 고등학교 때까지는 별다른 문제없이 생

활에 잘 적응해왔다고 한다. 그러다가 고등학교 고학년 때 명상에 심취한 이후로는 모든 에너지를 영적인 무언가를 찾는 데 쏟아붓게 되었으며, 대학생활에 적응해나가는 데도 큰 어려움을 겪게 되었다고 한다. 때때로 그는 형언할 수 없는 강한 불안감과 깊은 공허감에 휩싸였다. 그럴 때마다 그는 자신의 동맥을 살짝 그어 피가 흘러내리도록 했는데, 그러면 그러한 불안과 공허감이 씻은 듯이 사라진다는 것을 경험할 수 있었다.

그는 현재의 치료자와 18개월째 치료를 하고 있다. 초기에는 치료자의 따뜻한 이해와 지지에 꽤 큰 감명을 받았지만, 지금에 이르러서는 점점 더 치료자에게 화가 나는 것을 참을 수가 없다. 최근에는 치료자가 이사를 했다는 말을 듣고는 또다시 자살에 대한 생각에 사로잡히게 되었다 (Sperry & Carlson, 1996).

G양은 대학교 3학년 때 공부가 안 되고 사귀던 남자와의 관계가 끊어지면서 우울 증세를 보였으며, 입원하기 며칠 전에 자살 시도를 하여 정신과에 입원하게 되었다. 그녀는 동성친구나 이성친구를 사귀는 것이 극적이었다. 한두 번 만나서 죽이 맞으면 떨어질 줄 모르고 며칠이든 계속 만나 급격히 가까워지다가 하루아침에 관계를 끊어

버리곤 했다. 그때마다 기분이 천장과 바닥을 오가고, 몇 주씩 무기력하게 지내다가 강박적이고 완벽주의적인 활동을 하기도 하였다. 입원해서도 몇몇 대학생 환자와 늘 붙어 다닐 정도로 친밀하다가 3~4일도 안 되어 곧 냉담하게 혼자 지냈다.

그녀는 생활하는 것도 극단적이었다. 자기 방을 한 달 가까이 치우지 않아서 귀신이 나올 정도로 흐트러져 있을 때도 있고, 그러다가 한번 정리할 때는 정리하는 데 며칠씩 시간을 보내기도 하였다. 상담을 하면서도 처음에는 전혀 상담자를 신뢰하지 못하다가 믿기 시작하면서부터는 팥으로 메주를 쑨다고 해도 믿을 정도였다. 어떤 때는 이처럼 상담자를 최고의 권위자로 인정하였다가 또 다른 시기에는 형편없는 돌팔이로 몰아붙이기도 했다(원호택, 1997). ◆

2. 성격과 성격장애

경계선 성격장애도 여러 가지 성격장애 가운데 하나다. 따라서 성격장애란 무엇인지, 성격장애가 다른 심리적 장애예: 신경증이나 정신증에 비해 어떤 특징을 지니고 있는지, 그리고 성격장애는 어떻게 분류할 수 있는지를 먼저 살펴보는 것이 경계선 성격장애를 이해하는 데 도움이 될 것이다.

1) 성 격

성격이란 생각하고, 느끼고, 행동하고, 주변 사람들과 관계를 맺으면서 주어진 환경에 대처해나가는 일관적이고 지속적인 패턴을 말한다. 즉, 사람들이 지니는 비교적 지속적이고 중요한 심리적 특징을 통칭할 때 성격이라는 말을 쓴다. 우리는 흔히 한 개인과 다른 개인이 차이를 지니는 주된 이유로 각 개인의 성격이 다르다는 점을 든다. 성격은 일반적으로 다음과 같은 4가지 특성을 지닌다.

첫째, 독특성이다. 이는 각자의 지문이 다르듯이 성격 또한 사람마다 다르다는 것을 의미한다. 따라서 사람들이 타인과 다른 개성을 발휘할 수 있는 주된 근거는 각자가 가지고 있는 성격이 다르기 때문인 것으로 이해할 수 있다.

둘째, 안정성과 일관성이다. 이는 시간이 흐르거나 상황이 변해도 사람들이 가진 성격 특성은 크게 달라지지 않는다는 것을 나타낸다. 예를 들어, 10년 만에 만난 대학 동창이 여전히 예전처럼 세상에 대해 비관적인 생각을 가지고 있는 것처럼 느낀다면 그것은 그가 가진 성격이 시간이 많이 흘렀는데도 변하지 않았음을 나타낸다. 그렇다고 해서 성격이 언제 어디서나 항상 똑같은 모습을 유지한다는 것은 아니다. 다만, 시간이 흘러도 변치 않는 안정성과 상황이 달라져도 변치 않는 일관성이 어느 정도는 유지된다는 말이다.

성격의 세 번째 특징은 내용이다. 성격의 내용이란 각각의 사람이 지닌 성격의 알맹이를 뜻한다. 예를 들어, 어떤 사람은 사교적인 반면, 어떤 사람은 수줍음을 많이 타고, 어떤 사람은 적극적인 반면, 어떤 사람은 소극적이며, 또 어떤 사람은 외향적인 데 반해 어떤 사람은 내성적이다. 이렇듯 각 개인이 서로 다른 이유는 그들이 각자 가지고 있는 성격의 내용이 다르기 때문이다. 이러한 성격 내용을 성격 특질이라고 부른다.

넷째, 성격의 구조적 측면이다. 성격의 내용은 그것을 담고 있는 구조를 전제로 한다. 같은 성격 내용이라 하더라도 그것 이 어떤 구조예: 경직된 vs. 융통성 있는, 단순한 vs. 복잡한에 담겨있는지 에 따라 그 결과는 판이하게 달라진다. 예를 들어, 개인이 자 기 자신이나 타인의 행동을 해석하는 것에는 단순함과 복잡함 이 있을 수 있는데, 복잡한 성격 구조를 가진 개인은 단순한 성격 구조를 가진 개인보다 타인의 행동을 지각하고 예측하는 데 있어서 효율성이 더 높을 수 있다.

2) 성격장애의 정의와 주요 특징

앞서 성격이란 비교적 오랫동안 지속되는 행동 경향이나 특질을 가리킨다고 언급하였다. 그런데 이렇게 오래 지속되 는 행동 경향 및 특질이 융통성이 없고 미숙하며, 이것 때문에 사회생활 혹은 직업 활동에서 자신의 능력을 발휘하지 못하거 나 적응하지 못할 경우 이를 성격장애라고 한다. 즉, 성격장애 란 개인의 고유한 성격 특질이 그 자신이 속한 사회문화적 기 대에서 심하게 벗어나 있고, 이 특질이 경직되어 있어서 아무 상황에서나 반복적으로 나타나고, 이것 때문에 사회적으로나 직업적으로 심각한 기능장애를 야기하며 주관적인 고통을 유

성격장애의 진단 기준 (DSM-5; APA, 2013)

A. 한 개인이 속한 문화에서 기대되는 것으로부터 현저히 벗어나는 내적 경험 및 행동상의 지속적 패턴이 다음의 2가지 (혹은 그 이상의) 영역에서 나타나는 경우

(1) 인지(즉, 자기, 타인 및 사건을 지각하고 해석하는 방식)

(2) 정서성(즉, 정서 반응의 범위, 강도, 유연성 및 적절성)

(3) 대인관계 기능성

(4) 충동 통제

B. 이러한 지속적 패턴이 융통성이 없고 광범위한 개인적 및 사회적 상황에서 만연해 있는 경우

C. 이러한 지속적 패턴이 사회적 · 직업적 혹은 기타 중요한 기능 영역에서 임상적으로 의미 있는 고통이나 손상을 초래하는 경우

D. 이러한 패턴이 안정적이고 오랫동안 지속된 것이며, 최초 발현이 적어도 청소년기 혹은 성인기 초기까지 거슬러 올라가는 경우

E. 이러한 지속적 패턴이 다른 정신장애의 현시 혹은 결과로 더 잘 설명되지 않는 경우

F. 이러한 지속적 패턴이 물질(예: 남용 약물 혹은 처방 약물) 혹은 다른 의학적 상태(예: 두부 손상)의 생리적 효과로 설명될 수 없는 경우

발하는 경우를 말하는 것이다(원호택, 2006).

우리는 일상생활에서 여러 사람을 만나게 되는데, 그중에

는 흔히 '성격이 좋다' 는 평가를 받는 사람도 있을 것이고, 반대로 '성격이 형편없다' 는 평가를 받는 사람도 있을 것이다. 그러나 한 가지 주의할 것은, 형편없는 성격이 성격장애와 똑같은 의미를 지니는 것은 아니라는 점이다. 어떤 사람의 성격이 장애를 가진 것으로 진단 또는 평가되기 위해서는 DSM-5에서 제시하는 기준에 맞아야 한다.

우울이나 불안과 같은 정서장애와 성격장애 간에는 한 가지 중요한 차이가 있다. 그것은 자신에게 심리적 문제가 있다는 것에 대해 어떤 인식을 가지고 있는가 하는 점이다. 즉, 자신에게 나타나는 심리적 문제를 얼마나 인식하고 있는가에 따라 이 둘은 확연히 구분된다. 예를 들어, 우울감에 시달리는 사람은 자신이 무기력하고 희망이 없으며, 아무런 의욕도 없다는 점을 스스로 자각하고 인정한다. 하지만 성격장애의 경우는 그렇지가 않다.

성격장애를 지닌 사람치고 정말 자신의 성격이 잘못되었다고 믿는 사람은 극히 일부에 불과하다. 대부분의 성격장애 환자는 자신의 성격에는 아무런 잘못이 없으며, 잘못이 있는 것은 타인이나 상황이라고 생각한다. 이들 역시 심리적 문제를 경험하기도 하고 경우에 따라서는 전문가의 도움을 구하기도 한다. 그러나 이때도 전문가의 도움을 통해 해결하고자 하는 것은 자신의 성격 자체가 아니라 성격장애가 초래하는 이차적 결과물, 예를 들어 부부간의 불화라든지 주위 사람들과의 마찰로 인한 스트레스, 업무 수행의 비효율성에서 오는 스트레스 등인 경우가 대부분이다.

성격장애의 또 다른 주요 특징으로 장애의 지속성을 들 수 있다. 성격장애는 짧은 시간에 경험되었다가 사라지는 것이 아니다. 어릴 때부터 형성해온 성격 특질은 사춘기나 적어도 성인기 초기에는 고착된 특질로 굳어지며, 이렇게 고착된 성격 특질은 이후의 삶의 과정에서 지속적으로 발현된다. 따라서 한번 형성된 장애적인 성격은 잘 변치 않는 지속성과 일관성을 지니게 되는 것이다.

성격장애 진단 기준과 관련하여 가장 최근인 2013년에 개정된 DSM-5와 그 이전인 1994년에 출판된 DSM-IV 간에는 차이가 거의 없다. 즉, 성격장애 전반에 대한 진단 기준, 개별 성격장애의 진단 기준 그리고 성격장애의 유형 분류 방식 등에 있어서 새로운 기준이 추가되거나 기존의 기준이 삭제 혹은 수정된 경우가 거의 없다는 것이다. 이는 성격장애를 바라보는 임상적 혹은 학술적 시각에 있어서 최소한 현재까지는 큰 변동이 없음을 반영하는 것으로 보인다. 다만, DSM-5에서는 성격장애의 진단 기준을 제시한 Section II에 이어서 Section III에 별도로 성격장애 진단 및 개념화와 관련된 연구 모형을 제안하고 있는데, 이는 장차 성격장애의 진단 기준에 변화가 있을 수도 있음을 시사하는 것이어서 주목할 만하다.

3) 성격장애의 유형과 분류

미국정신의학회가 2013년에 편찬한 『정신장애의 진단 및 통계편람DSM-5』(APA, 2013)에서는 성격장애를 임상적 증상의 유사성에 따라 다음과 같이 군집 A, 군집 B, 군집 C의 3가지 유형으로 분류한다. 하지만 이러한 3가지 군집의 성격장애 사이에 전혀 중첩이 없는 것은 아니다. 예를 들어, 군집 A의 5.7%, 군집 B의 1.5% 그리고 군집 C의 6.0% 정도가 다른 군집의 성격장애와 중첩되는 것으로 알려져 있으며, 좀 더 구체적으로 개별 성격장애의 9.1% 정도는 다른 성격장애 진단도 동시에 받는 것으로 보고되고 있다. 성격장애 전반의 유병률과 관련해서는 미국 성인의 경우 약 15% 정도가 적어도 한 가지 이상의 성격장애 진단 기준에 부합하는 증상을 나타내는 것으로 알려져 있다.

(1) 군집 A 성격장애

군집 A 성격장애는 이상하고 특이하며 상궤를 벗어난 기이한 증상 혹은 행동 패턴이 핵심 특징인 여러 가지 성격장애로 구성된다. 군집 A 성격장애는 분열형 성격장애, 분열성 성격장애, 편집성 성격장애 등을 포함한다.

분열형 성격장애를 지닌 사람은 기이한 사고나 행동을 보여 다른 사람들에게 괴짜나 기인으로 불리는 경우가 많다. 이들은 자신이 천리안 혹은 텔레파시를 가지고 있다고 믿거나 비현실적인 감각을 경험하거나, 다른 사람들이 자신에 대해 말하고 있다고 믿는 등의 심각한 증상을 나타낸다.

분열성 성격장애를 지닌 사람은 사회적으로 무관심하고, 타인과 관계를 맺지 않고 혼자 지내는 것이 특징이다. 흔히 '은둔자'로 불리기도 하는 이들은 혼자 일하기를 선호하고 타인에게 무관심하며, 칭찬이나 비판 또는 타인의 감정 표현에 무감각하거나 반응하지 않는다. 분열성 성격장애를 지닌 사람은 기쁨이나 고통을 거의 경험하지 않는 것처럼 보이며, 때로는 부자연스럽고 위축된 것처럼 보인다. 분열성 성격장애의 특징을 한마디로 표현하자면 '고립'이다.

편집성 성격장애를 지닌 사람은 다른 사람들의 행동을 위협적이거나 비판적인 것으로 잘못 해석하는 경향이 강하고, 자신이 타인에게 이용당할 것이라는 생각이 만연해있는 것이 주된 특징이다. 따라서 끊임없이 사람들을 의심하기 때문에 주위 사람들과 원만한 관계를 유지하기가 어렵다.

(2) 군집 B 성격장애

군집 B 성격장애는 극적이고 감정적이며 변덕스러운 증상이나 행동 패턴이 핵심 특징이다. 여기에는 연극성 성격장애, 자기애성 성격장애 그리고 이 책에서 중점적으로 다룰 경계선 성격장애 등이 포함된다.

연극성 성격장애를 지닌 사람은 마치 연극배우가 연기를 하는 것과 같은 극적인 행동을 보이며, 주위의 관심을 끌려고 하는 특징을 보인다. 연극성 성격장애를 지닌 사람은 감정이 쉽게 변하고, 과장된 정서 표현을 자주 하며, 타인을 조종하려는 경향이 두드러진다. 또한 허영심이 강하고 솔직하지 못하며, 신중하지 않아서 진실한 인간관계를 맺어나가는 데 어려움이 있다.

자기애성 성격장애를 지닌 사람은 자신의 중요성에 대해 지나치게 과대한 생각을 유지한다. 따라서 이들은 늘 다른 사람들에게 찬사와 인정 그리고 존중을 받고 싶어 한다. 또한 지나치게 자기중심적이어서 타인을 이용하거나 착취하는 것을 당연시한다. 이들은 자존심이 손상되면 쉽사리 우울 혹은 공허감을 느끼거나 반대로 극단적인 분노를 표출하고, 공상이나 환상을 통해 현실적인 어려움에 대처하면서 보상하려는 경향을 강하게 보인다.

(3) 군집 C 성격장애

군집 C 성격장애의 핵심 특징은 불안과 걱정, 두려움 등이다. 여기에는 회피성 성격장애, 의존성 성격장애, 강박성 성격장애 등이 포함된다.

회피성 성격장애를 지닌 사람은 다른 사람들과 친밀한 관계를 맺고 싶어 하면서도 거부당하거나 비난받을지 모른다는 불안 혹은 두려움 때문에 인간관계를 맺는 것을 회피하는 것이 주된 특징이다.

의존성 성격장애를 지닌 사람은 자기비하나 열등감을 자주 느끼며, 자신감과 자율성, 독립심이 부족해서 타인에게 지나치게 의존하려는 것이 특징이다. 이들은 스스로 결정을 내리거나 책임을 져야 마땅한 상황에서도 타인에게 의지하려 한다. 또한 자신의 욕구나 감정을 억누르고 상대방과의 관계를 해칠 가능성이 있는 행동을 자제함으로써 다른 사람들을 계속 붙잡아두려 한다.

강박성 성격장애를 지닌 사람은 질서, 규칙, 통제 등을 추구하는 완벽주의적인 특징을 보인다. 이들은 사소한 것에 지나치게 집착하고 융통성이 부족하며, 인간관계에서도 딱딱하고 지나치게 신중해하면서 진지한 모습을 보인다. 따라서 타인과 쉽게 친해지거나 어울리지 못하고, 인간관계보다는 일과 생산성에 집착하는 경향이 있다.

◆ 성격장애의 핵심 인지 내용과 과잉발달 및 미발달된 측면

성격장애	핵심 인지	과잉발달	미발달
의존성	나는 무력하다.	도움 추구, 매달림	자율성
회피성	나는 쉽게 상처받는다.	사회적 취약성, 회피, 억제	자기주장, 사교성
편집성	다른 사람들은 모두 적이다.	경계심, 불신, 의심	신뢰, 수용
자기애성	나는 특별한 존재다.	자기과장, 경쟁심	상호협력, 집단활동
연극성	나는 다른 사람들을 감동시켜야 한다.	노출, 과다한 표현	숙고, 통제, 체계화
강박성	실수를 범해서는 안 된다.	통제, 책임감, 체계화	자발성, 유희
반사회성	사람들은 다 착취의 대상이다.	호전성, 착취	공감, 상호성
분열성	내겐 충분한 공간이 필요하다.	자율성, 고립	친밀성, 상호성

출처: Beck & Freeman (1990)에서 인용.

표에서 볼 수 있는 것처럼 각각의 성격장애에는 저마다 핵심이 되는 신념이나 태도가 있으며, 과잉발달된 측면과 미발달된 측면이 혼재해있다. ◆

3. 경계선이란 무엇인가

경계선 성격장애를 이해하기 위해서는 우선 '경계선 borderline'이라는 용어의 뜻이 무엇인지부터 제대로 이해해야 한다. 사실 경계선의 정확한 뜻에 대해서는 심리학자들 간에도 견해가 일치하지 않는다. 또한 시간이 흐름에 따라 경계선이라는 용어의 의미가 조금씩 달라지는 것도 사실이다. 우선, 이 용어의 의미가 시대의 흐름에 따라 어떻게 달라져 왔는지부터 살펴보기로 하자.

여기서 한 가지 주의할 것은, 다음에서 제시하는 경계선이라는 용어의 4가지 용법 중 현대 심리치료 전문가들이 가장 보편적으로 받아들이고 있는 것은 마지막 용법이라는 점이다. 나머지 3가지 용법은 잘못되었거나 최소한 잘못되지는 않았다 하더라도 특정한 이론적 혹은 임상적 맥락에서만 제한적으로 사용된다.

1) 신경증과 정신증의 경계선

원래 경계선이라는 용어는 환자가 신경증적 증상과 정신증적 증상을 복합적으로 나타내고 있어서 치료자가 정확한 진단을 내릴 수 없을 때부터 사용되기 시작하였다. 비록 공식적인 정신장애 분류 방식을 따른 것은 아니지만, 심리치료 전문가들은 심리적 문제를 크게 신경증neurosis과 정신증psychosis으로 구분하는 경향이 있다. 이렇게 볼 때 심리적 문제를 가진 사람들은 크게 신경증적 문제를 가진 사람과 정신증적 문제를 가진 사람의 2가지 부류로 나뉘는 셈이다.

신경증적 문제는 현실 인식과 생활 적응에 치명적인 결함을 지니지는 않지만 주로 정서적 또는 행동적 측면에서, 그리고 주변 사람들과 인간관계를 맺고 유지해나가는 과정에서 상당한 정도의 불편과 고통을 느끼는 경우를 말한다. 감정의 변화가 심하거나 우울 · 불안 · 공포 등 부정적 감정을 계속해서 경험하거나, 주어진 상황에서 부적절한 행동을 되풀이하거나 의기소침함 · 의욕상실 · 무기력 등이 지속되거나, 상황에 적응해나가는 데 도움이 안 되는 생각을 자주 하게 되거나 주변 사람들과 마찰 및 갈등을 지속적으로 경험하는 것 등이 신경증적 문제의 예다.

정신증적 문제는 현실 인식과 기본적인 생활 적응 자체가 심각하게 손상된 경우를 지칭하며, 흔히 정신병이라고 부르는 것이 여기에 속한다. 정신증적 장애의 주요 특징을 몇 가지만 예로 들면 다음과 같다. 우선, 현실 인식 능력에 있어서의 손상이다. 현실에 대한 지각이 심하게 왜곡되어 나무를 귀신이라고 하고 비행기를 우주선이라고 하기도 한다.

상황에 전혀 맞지 않는 정서를 경험하거나 표현하는 것 또한 정신증의 주요 특징이다. 예를 들어, 친한 친구의 부음을 받고도 박장대소하는 것이다. 행동적인 측면에서도 기이한 행동을 되풀이하는 경우가 많다. 그러나 정신증의 가장 뚜렷한 특징은 사고의 방식과 내용의 기이성에서 찾을 수 있다. 이런 유형의 사람들은 사고의 흐름에서 논리적 연결을 찾기 어려워, 비약이 심하거나 상식 혹은 일반적인 상황과는 전혀 맞지 않는 기이한 생각을 한다.

문제는 신경증적 문제와 정신증적 문제 간의 구분이 언제나 명확하게 이루어질 수 있는 것은 아니라는 데 있다. 과거에는 어떤 환자가 신경증적 증상과 정신증적 증상을 모두 가지고 있어서 어느 한 가지로 분류할 수 없을 때, 그 환자는 신경증과 정신증의 경계선상에 위치하고 있다는 의미에서 경계선이라는 진단을 내리곤 했다. 그러나 심리적 문제를 진단하는 방법이 발전한 요즘에는 신경증과 정신증의 경계로서의 경계선적 장애라는 진단은 거의 내리고 있지 않은 추세다. 따라서 정신과적 문제에 대한 현대의 진단분류법에 의거해서 볼 때 경계선이라는 용어를 이와 같은 상황에 적용하는 것은 부적절하다고 할 수 있다.

2) 성격조직으로서의 경계선

경계선이라는 용어는 정신분석 이론에서 경계선적 성격을 가진 환자를 지칭할 때도 사용되었다. 예를 들어, 정신분석 이론가인 컨버그(Kernberg, 1975)는 정신증도 아니고 신경증도 아니면서 심각한 성격 병리를 가진 환자들에게 경계선 성격조직borderline personality organization이라는 용어를 사용하였다.

이러한 성격조직을 지닌 환자의 핵심 특징은 불안정한 자기정체성이다. 즉, 자신이 어떤 사람인지에 대한 생각이 매우 불안정하다는 것이다. 이런 유형의 사람들은 자신이 살만한 가치가 있는 사람인지, 한 인간으로서 자신의 존재의 의미가 무엇인지, 도대체 자신이 어떤 사람인지 등에 대한 생각이 뚜렷하거나 확고하지 못하여 혼란을 경험한다. 하지만 이러한 환자라도 정신증 환자처럼 현실을 왜곡해서 지각하거나 망상을 나타내지는 않는다.

역시 정신분석 이론가인 그린커(Grinker, 1968)는 경계선 증후군borderline syndrome이라는 용어를 사용하였다. 그에 따르면

경계선 증후군을 가진 사람들의 가장 중요한 특징은 자기정체
성의 혼란이다. 이와 더불어 인간관계에서 매우 의존적이고
깊은 우울감에 사로잡혀있고, 항상 고독과 외로움에 고통스
러워하며, 돌발적으로 적개심과 분노를 표현하는 것 등을 경
계선 증후군의 또 다른 특징으로 언급할 수 있다.

정신분석 이론가 중 경계선이라는 개념의 의미를 이해하는
데 큰 공헌을 한 사람 중 하나가 말러Mahler다. 그녀와 동료들
(Mahler, Pine, & Bergman, 1975)은 다음과 같은 논지를 펼쳤다.

아이의 발달 과제 중 하나는 부모에게서 분리되어 자율성
을 획득하는 것이다. 엄마에게서 심리적으로 분리되어 자율
성을 얻고 개별화를 이루기 위해 아이는 자신을 구속하고 제
한하려는 엄마나쁜 엄마, bad mother에게 도전하고 독립하고자 한
다. 그러나 아이에게 있어서 엄마는 좋은 측면좋은 엄마, good
mother도 가지고 있다. 따라서 아이의 입장에서는 엄마의 좋은
측면은 계속 받아들이면서 나쁜 측면으로부터는 독립해나가
는 것이 자율성 획득의 핵심이다.

하지만 엄마라는 대상에 대해 좋은 엄마와 나쁜 엄마가 분
리된 대상이 아니라 사실은 동일한 대상이라는 것을 적절히
수용하지 못하면 문제가 발생한다. 즉, 동일한 대상에 대한 아
이의 심리적 이미지혹은 표상가 분열된 채로 통합되지 못하면
엄마에 대한 통합적인 이미지를 형성할 수 없을 뿐더러, 나아

가 자기정체감을 형성하는 데 있어서도 혼란을 겪게 된다는 것이다. 이렇게 볼 때 경계선적 성격병리란 좋은 엄마와 나쁜 엄마 사이의 심리적 경계가 적절히 융화되지 못하여 발생하는 대상 분열 혹은 분리의 성격병리라고 할 수 있다.

정신분석 이론의 맥락에서 사용하는 경계선이라는 용어는 한마디로 정의내리기 어렵다는 문제가 있다. 즉, 경계선 성격 조직이나 경계선 증후군을 가진 환자가 구체적으로 어떠한 일련의 행동이나 증상을 나타내는지가 불분명하다는 것이다. 또한 경계선 성격조직을 가지고 있다고 해서 경계선 성격장애의 증상이 반드시 나타나는 것은 아니다. 역으로, 경계선 성격장애의 증상을 가진 사람이 반드시 경계선 성격조직을 가지고 있는 것도 아니다. 따라서 정신분석 이론에서 말하는 '경계선'이라는 용어의 의미는 현대 심리치료 전문가들이 말하는 경계선 성격장애와는 차이가 있다고 볼 수 있다.

3) 치료하기 어려운 환자에 대한 명칭으로서의 경계선

경계선이라는 용어를 가장 잘못 사용하는 경우로서, 치료하기 어려운 내담자나 환자를 경계선 장애 환자라고 지칭하는 경우를 들 수 있다. 즉, 심리치료자들은 치료적 노력에 잘 반

3. 경계선이란 무엇인가 ✷ **37**

응하지 않아서 치료의 진전이 이루어지지 않는 환자에게 경계
선이라는 진단명을 잘못 부여하는 경우가 많다는 것이다. 한
예로 심리치료자와 그를 지도하는 슈퍼바이저 간의 다음의 대
화를 살펴보자(Beck & Freeman, 1990).

> 슈퍼바이저: 왜 당신은 이 환자를 치료하는 데 어려움을
> 겪고 있죠?
> 담당치료자: 이 환자는 경계선 장애를 가지고 있기 때문입
> 니다.
> 슈퍼바이저: 왜 이 환자가 경계선 장애를 가지고 있다고
> 생각하죠?
> 담당치료자: 왜냐하면 제가 그를 치료하는 데 아주 애를
> 먹고 있기 때문이죠.

  사실 심리치료자가 정신과적 문제를 지닌 환자를 치료할
때 항상 성공하는 것은 아니다. 더러는 모든 전문적 노력을 기
울였지만 실패하는 경우도 있을 수 있다. 또한 심리치료의 과
정이라는 것이 매 순간마다 항상 순조롭게 진행되는 것도 아
니고, 도중에 큰 걸림돌에 직면하기도 한다. 그러나 치료를 진
행하는 데 있어서 난관을 경험하거나 치료에 실패한다고 해서
모든 잘못을 환자 탓으로 돌릴 수만은 없다.

물론 치료하기 어려운 환자는 분명히 있다. 그러나 환자를 탓하기 전에 치료자는 자신이 적용한 치료적 절차나 과정에 잘못이 있지는 않았는지, 자신이 환자를 제대로 이해하기는 했는지 등 철저한 자기검토를 거쳐야 한다. 그러지 않고 치료자의 실수나 전문성 결여로 인한 치료의 실패를 내담자 혹은 환자에게만 책임지게 하려 한다면 그것은 변명이나 자기합리화와 다를 것이 없다. 유감스럽게도 한때 치료자들 사이에 이러한 관행이 있었던 것이 사실이다. 이는 경계선이라는 용어를 치료자에게 유리한 방식으로 남용하는 잘못된 명칭 사용의 대표적인 용법 중 하나다.

4) 경계선에 대한 현대의 견해

현대의 심리치료 전문가들은 주로 DSM-5(APA, 2013)에 제시된 진단 준거에 들어맞는 증상을 가진 사람들에게 경계선이라는 진단명을 부여한다. 경계선이라는 용어의 다양한 용법 중에서 DSM-5에서 제시하고 있는 경계선 성격장애의 경우가 가장 일반적이고 적절하기 때문에, 이 책에서도 경계선이라는 용어를 사용하는 경우 특별한 언급이 없는 한 이 견해를 따를 것이다. ◆

4. 경계선 성격장애의 진단

경계선 성격장애 진단 기준에 있어서 가장 최근인 2013년에 개정된 DSM-5와 그 이전인 1994년에 출판된 DSM-IV 간에는 차이가 거의 없다. 다시 말해, 새로운 기준이 추가되거나 기존의 기준이 삭제 혹은 수정된 경우가 거의 없다는 것이다. 이는 경계선 성격장애를 바라보는 임상적 혹은 학술적 시각이 최소한 현재까지는 큰 변동을 보이지 않음을 반영하는 것으로 간주된다. 다만, DSM-5에서는 경계선 성격장애의 진단 기준을 제시한 Section II에 이어서 Section III에 별도로 경계선 성격장애 진단 및 개념화와 관련된 연구 모형을 제안하고 있는데, 이는 장차 경계선 성격장애의 진단 준거에 변화가 있을 수도 있음을 시사하는 것이어서 주목할 만하다. 지금부터는 현재 경계선 성격장애의 진단에 적용되는 DSM-5의 Section II에 나타난 진단 기준과 그에 대한 자세한 설명을 제시하고

자 한다.

어떤 사람에게 경계선 성격장애 진단을 내리기 위해서는 DSM-5의 Section II에서 제시한 9가지 증상군 중 최소 5가지 이상이 나타나야 한다. 또한 이러한 증상이 일시적으로 나타났다가 사라지는 것이 아니라 비교적 지속적인 성질을 지녀야 하며, 청소년기 이하의 연령층에 대해서는 성격장애 진단을 내리지 않는 것이 보통이다. 이제 DSM-5의 Section II에서 제시하고 있는 경계선 성격장애의 진단 기준과 증상을 보다 구체적으로 살펴보기로 한다.

(1) 버림받는 것에 대한 두려움

중요한 인간관계를 맺고 있는 상대방에게 거절이나 무시를 당하는 것은 누구에게나 큰 스트레스로 작용한다. 그러나 경계선 성격장애를 지닌 사람들은 이에 대해 보통 사람들보다 훨씬 더 큰 공포를 가지고 있다. 즉, 관계를 맺고 있는 다른 사람들에게 거부를 당한다는 것은 이들에게 참을 수 없는 아픔이자 공포로 작용한다. 따라서 그들은 다른 사람들이 자신을 어떻게 대하는지, 혹시나 자신을 버리지는 않을지 항상 신경을 곤두세운다. 그렇기 때문에 이들은 누군가가 약속 시간에 조금 늦는다거나 상대방이 자신에게 밝은 표정으로 친절하게 대해 주지 않는 것 등과 같이 인간관계에서 흔히 발생할 수 있

🔑 경계선 성격장애의 진단 기준 (DSM-5, Section II; APA, 2013)

인간관계, 자기상 및 정서의 불안정성과 현저한 충동성의 지속적 패턴이 초기 성인기부터 발현되고, 다음에 제시되는 것들 중 5가지 이상이 다양한 맥락에서 나타나는 경우

(1) 실제 혹은 상상적인 유기를 피하려는 극도의 노력(주의: 기준 5에 포함되는 자살 혹은 자해행동은 포함하지 않음)

(2) 이상화와 평가절하의 양극단을 오가는 것으로 특징지어지는 불안정하고 강렬한 인간관계 패턴

(3) 정체성 장애: 자기상 혹은 자기에 대한 감각이 현저하고 지속적으로 불안정한 경우

(4) 잠재적으로 자기손상적 성질을 지니는 최소한 2가지 영역에서의 충동성(예: 소비, 성, 약물남용, 부주의한 운전, 폭식) (주의: 기준 5에 포함되는 자살 혹은 자해행동은 포함하지 않음)

(5) 되풀이되는 자살행동이나 제스처 혹은 위협, 또는 자해행동

(6) 기분의 현저한 반응성에 기인하는 정서적 불안정성(예: 며칠마다 간헐적으로 나타나 몇 시간 동안 지속되는 강한 기분저조나 초조 혹은 불안 에피소드)

(7) 만성적인 공허감

(8) 부적절하고 강렬한 분노 혹은 분노통제의 어려움(예: 빈번한 분노 폭발, 지속적 분노 상태, 되풀이되는 신체적 몸싸움)

(9) 스트레스와 관련된 일시적인 편집증적 사고 혹은 심각한 해리 증상

는 사소한 일들에 매우 민감하고 예민하게 반응한다.

(2) 불안정한 인간관계

경계선 성격장애를 지닌 사람들이 보이는 가장 큰 특징 중 하나는 바로 관계를 맺는 상대방에 대한 태도다. 이들은 같은 인물에 대해 극단적으로 상반되는 평가를 내린다. 예를 들어, 어떤 때는 마치 상대방이 자신의 구세주라도 되는 양 온갖 찬사와 흠모, 존경을 아끼지 않는다. 상대방이 지닌 능력은 모든 사람을 능가하고, 인품 또한 월등하다고 생각한다. 그러나 상대방의 입장에서 보면 기분이 좋아지기는커녕 그러한 존경과 찬사가 부적절하고 부담스러울 뿐이다.

정작 문제는 상대방에 대한 이러한 이상화가 오래 지속되지 않는다는 것이다. 이와 같은 이상화는 오래지 않아 정반대의 태도로 돌변한다. 얼마 전까지만 해도 그토록 찬사를 보냈던 상대방에 대해 이제는 티끌보다도 더 하찮고 형편없다는 태도를 취한다. 무능하고 아무짝에도 쓸모없고 인간미라고는 그 어디에서도 찾아볼 수 없다는 등의 가시 돋친 말을 쏟아붓는다. 이처럼 상대방을 철저히 무시하고 비하하니 상대방으로서는 어리둥절하고 억울하기 짝이 없다. 아무리 생각해봐도 그런 말까지 들을 만큼 잘못한 기억이 없는데 말이다.

경계선 성격장애를 지닌 사람을 대하면서 이렇게 극단적으

로 상반된 평가를 받노라면 상대방은 마치 마음이 둘로 쪼개
지는 듯한 느낌을 받게 된다. 그러나 경계선 성격장애 환자들
의 이러한 태도가 현실에 대한 정확한 지각과 평가에 바탕을
둔 것이 아님을 명심해야 한다. 오히려 둘로 갈라진 것은 그들
의 마음이다. 그들의 마음에는 좋은 것과 나쁜 것, 바람직한
것과 바람직하지 않은 것, 옳은 것과 그른 것이 적절히 통합되
어있지 않다. 그들에게 사람들이란 좋은 면도 있고 안 좋은 면
도 있는 존재가 아니라, 완전히 좋거나 완전히 좋지 않은 존재
로 간주된다. 결국 통합되지 못하고 분리된 마음 중 어떤 상황
에서 어떤 면이 활성화되고 발휘되느냐에 따라 이들과 관계를
맺고 있는 상대방은 이상적인 존재가 되기도 하고 형편없는
존재가 되기도 하는 것이다.

(3) 불안정한 정체성

자기정체성sense-identity이란 한마디로 '나 자신은 어떠한 존재
인가?' 라는 물음에 대해 스스로가 내리는 답이다. 이러한 답
이 보다 확고하여 쉽게 흔들리지 않고 나름대로 충분한 현실
적 근거를 가지고 있다면 자기정체성은 더욱 확고한 성질을
지니게 된다. 자기정체성에도 여러 가지 측면이 있지만, 가장
중요한 측면은 자기가치감sense of self-worth일 것이다.

대개의 경우 사람들의 자기가치감은 다른 사람들의 마음속

에 반영된 자기를 통해 발달한다. 어렸을 때부터 부모나 어른들에게 꾸준히 칭찬이나 수용, 사랑, 인정을 받아 온 사람들은 긍정적인 자기가치감을 발달시킬 수 있다. 그러나 다른 사람들에게서 받는 평가가 부정적이거나 일관되지 못할 경우에는 자기가치감이 손상을 입게 되고, 부정적이거나 혼란스러운 자기가치감이 발달하게 되는 것이다.

자기정체성이나 자기가치감이 불안정할 경우 초래되는 결과는 생각보다 심각하다. 우선 무엇을 하고 살아가야 할지가 불분명해진다. 그 결과 여러 직업을 전전하거나 진로를 자주 바꾼다. 또한 자신에게 한때는 의미 있게 여겨진 것들이라도 시간이 지나면 의미를 상실하고 만다. 따라서 경계선 성격장애를 지닌 사람들의 삶은 자신을 보다 자신답게 느끼도록 해 줄 수 있는 삶의 목표나 방법을 추구하는 것으로 점철된다. 그러나 불행하게도 그러한 노력은 성공을 거두지 못한다. 왜냐하면 이들의 내면세계, 즉 정체성이 올바로 확립되어 있지 못하기 때문이다.

(4) 충동적 행동

아마 대부분의 사람은 시험이 코앞에 다가왔는데도 갑자기 영화를 보고 싶은 충동에 휩싸여 영화관으로 향했던 경험을 한두 번쯤은 겪어보았을 것이다. 이러한 충동을 너무 억제하는 것은 오히려 삶을 메마르게 만든다. 그렇다고 해서 충동대로 행동하는 것이 적절하다거나 바람직하다는 뜻은 아니다. 대부분의 경우 충동적으로 한 행동은 후회를 낳기 쉽다. 그러한 행동은 상황에 대한 적절한 평가와 결과에 대한 신중한 예상을 포함하지 않기 때문이다.

경계선 성격장애를 지닌 사람들은 특정한 충동이 일 때 그것을 효과적으로 통제하지 못한다는 특징을 지닌다. 성적인 충동이 일었을 때 상대방을 가리지 않고 성관계를 맺거나 도로에서 차를 아주 난폭하게 운전하거나, 자신의 경제력에 걸맞지 않게 고가의 물건을 닥치는 대로 구입하기도 한다. 경계선 성격장애를 지닌 사람들이 언제 어떠한 행동을 할지 예상하기란 매우 어렵다. 따라서 이들이 직장생활이나 사회생활 또는 인간관계에 적응하는 것 역시 매우 어려워지게 된다.

(5) 되풀이되는 자해 행동

경계선 성격장애를 지닌 사람들에게 가장 문제가 되는 것이 자살 시도를 포함한 자해 행동이다. 이들이 언제 자해 행동을 하게 될지 전혀 예상할 수 없다는 것이 문제를 더욱 심각하게 한다. 앞서 설명한 대로, 경계선 성격장애를 지닌 사람들은 충동을 억제하지 못한다는 특징이 있다. 따라서 이들은 아무런 사전 예고 없이도 충동적으로 자해 행동을 하곤 한다. 실제로 저자가 상담한 내담자 중 한 사람은 상담이 끝난 후기억에 따르면 그날 상담은 별다른 문제없이 진행되었다 산에 올라가 칼로 손목을 그었다. 나중에 안 일이지만 그 사람의 팔목에는 이미 여러 개의 칼자국이 있었다.

자해를 하는 구체적인 이유와 사정은 사람마다 다르겠지만, 보다 근원적인 이유는 불안정한 자기정체성 및 자기가치감과 관련이 있는 듯하다. 앞서 예로 들었던 내담자는 자해 행동과 관련하여 저자에게 "팔에서 뚝뚝 떨어지는 피를 보면서 내가 살아 있다는 것을 느낄 수 있었다."고 말하기도 하였다.

이렇게 볼 때 경계선 성격장애 환자들의 자해 행동은 아무리 해도 정체를 알 수 없는 자신에 대한 모호함과 끝없는 나락으로 떨어져 가는 자신에 대한 혐오를 일순간에 끝장내 버리려는 시도가 아닌가 싶다. 한 가지 역설적인 점은, 그들의 자기파괴적 행동 속에서 살아있음을 느껴보려는 그들의 절박함을 확인할 수 있다는 것이다.

(6) 정서적 불안정성

관계를 맺는 상대방에 대한 평가가 극과 극을 오가듯이, 경계선 성격장애를 나타내는 사람들의 정서 상태 또한 매우 불안정하다. 이들은 조그마한 스트레스 자극에도 과도하게 반응한다. 예를 들어, 강의 시간에 교수의 말을 제대로 이해하지 못했다는 것에 극심한 우울감으로 반응하거나, 불길한 일이 일어날지도 모른다는 한순간의 상상으로 극심한 불안과 초조감에 휩싸일 수 있다.

경계선 성격장애를 지닌 사람들의 이러한 정서적 반응은 강도 면에서는 매우 강렬하지만 오래 지속되지는 않는다. 그들은 이러한 부정적인 감정에 몇 시간 정도 사로잡혀 있다가 곧 그것으로부터 빠져나온다. 그렇다고 해서 문제가 해결되었다든지 자신이 느낀 감정과 관련하여 새로운 통찰을 얻은 것은 아니다. 이러한 강렬한 부정적 감정은 얼마간의 시간이 흐르고 나면 어김없이 다시 찾아오기 때문이다.

흔히 뚝배기와 양철지붕은 상반된 성질을 지니는 것으로 대비되곤 한다. 정상적인 성인의 감정은 뚝배기처럼 비슷한 기조가 계속 유지되므로 매순간 감정이 그리 크게 변화하지 않는다. 그러나 경계선 성격장애를 지닌 사람들의 정서적 반응은 태양이 작열하면 끝도 없이 달궈졌다가도 태양이 지평선 너머로 지거나 구름 속에 가려지면 금방 열기가 식어버리는 양철지붕처럼 급히 달아오르고 급히 식어버리는 특징을 지닌다.

(7) 만성적인 공허감

공허감이란 말 그대로 차 있지 않고 비어있음을 의미한다.

경계선 성격장애를 지닌 사람들은 "텅 빈 것 같은 느낌이다." "마음이 허전해서 견딜 수가 없다." "내 마음은 빈 껍데기뿐이다." "마치 내가 없어져 버린 것 같은 느낌이다."라는 말을 자주한다. 이들의 눈은 공허할 때가 많다. 무언가를 응시하고는 있지만 뚜렷한 눈빛을 가지고 실체를 꿰뚫어본다는 느낌을 주지는 않는다. 그러한 공허감은 비단 그들의 눈빛에만 배어 있는 것이 아니다. 오히려 더 공허한 것은 그들의 마음이다. 그 무엇으로도 채워지지 않을 듯한 끝없는 허전함과 비어 있음이 그들의 마음이다.

경계선 성격장애를 지닌 사람들의 이러한 공허감과 마주하노라면 상대방 또한 공허해진다. 마치 자신의 마음 또한 텅 빈 것처럼 보이는 이러한 공허감은 상대방에게 매우 큰 부담을 주기 때문에, 사람들은 자기 자신을 보호하기 위해 이들에게서 분리되고자 하는 여러 가지 시도를 하게 된다. 하지만 상대방의 이러한 행동은 경계선 성격장애를 지닌 사람들을 더욱 더 공허하게 만든다.

(8) 빈번한 분노 표출과 공격행동

경계선 성격장애를 지닌 사람들은 그럴만한 뚜렷한 이유 없이도 자주 분노를 표출하여 상대방을 욕하고 비난하며 공격하는 말을 자주한다. 경우에 따라서는 말로 그치는 것이 아니라 몸싸움으로 이어지기도 한다. 한마디로 이들은 누군가가 조금만 건드려도 분노가 폭발해버리는 걸어 다니는 시한폭탄인 셈이다.

실제로 저자가 상담했던 어떤 여학생은 상담실에 오기 위해 계단을 오르던 중 계단을 내려오던 다른 여학생과 어깨가 조금 스치게 되었는데, 상대방이 사과를 하지 않았다는 이유로 주먹을 휘두른 적이 있었다. 나중에 마음이 다소 진정된 다음에 물어보니, "그냥 화가 나서 그랬다."는 말뿐이었다.

이들의 분노 폭발은 자신에게는 나름대로 정당한 이유가 있겠지만 객관적으로 보면 부적절한 경우가 대부분이다. 이와 같은 사실은 이들의 분노가 내재적인 성질을 지님을 뜻한다. 달리 말하면, 이들의 분노는 외적인 상황에서 유발된 것이라기보다는 내면적으로 가득 쌓여 있던 분노의 화산이 사소한 자극에도 폭발해버리는 것과 같다. 따라서 경계선 성격장애를 지닌 사람들이 표출하는 분노에 대해 부주의하게 시시비비를 가리거나 따지는 것은 그들의 분노를 한층 격화시킬 가능성이 높다.

이러한 일시적인 분노 폭발 뒤에는 수치심과 죄책감, 자기비난 등이 따라온다. 이럴 즈음이면 이들은 분노를 표출했던 상대방에게 비굴하다고 보일 만큼 사과하고 반성하는 모습을 보이며 용서를 구한다. 이렇게 볼 때 경계선 성격장애

를 지닌 사람들의 한 가지 행동 패턴은 부적절한 분노 표출
과 뒤이은 후회 및 자기비난일 것이다.

(9) 일시적인 정신증적 증상

경계선 성격장애를 지닌 사람들을 대하면서 가장 곤혹스러
울 때는 이들이 정신증적 증상을 나타낼 때다. 그들은 편집증
적 증상'누군가가 나를 해치려 한다.'과 해리 증상'내가 나 자신이 아닌 것
같다.' 혹은 '내 몸에서 영혼이 빠져나가 둥둥 떠다닌다.'을 나타내기도 한
다. 아무리 유능한 심리치료자라 하더라도 이러한 증상을 접
하면 치료를 계속할 수 있을지 고민에 빠질 수 있다.

그러나 한 가지 다행스러운 점은 이러한 정신증적 증상은
시간이 지나면 진정된다는 것이다. 즉, 이들이 나타내는 정신
증적 증상은 극심한 스트레스로 인한 일시적인 현상일 뿐이
다. 따라서 경계선 성격장애를 지닌 사람들이 정신증적 증상
을 나타낸다 하더라도 조현병 등과 같은 정신증을 지닌 환자
로 취급해서는 곤란하다.

비록 일시적이기는 하지만 정신증적 증상을 나타내게 만드
는 극심한 스트레스 중 가장 두드러지는 요인은 실제적이거나
상상적인 분리 또는 유기 경험이다. 이러한 경험에는 관계를
맺어 온 상대방에게서 거부나 버림을 받는 것, 애착관계를 유
지해온 중요한 타인과 떨어지거나 사별하는 것 혹은 그에 대

한 염려 등이 포함된다.

  저자와 상담했던 어떤 내담자는 어릴 때부터 자신을 '유일하게' 귀여워해 준 할아버지가 돌아가시자 할아버지의 영혼과 대화하기 시작했다고 털어놓기도 했다. 이 내담자는 간혹 혼자 중얼거릴 때가 있었는데, 무슨 말을 하고 있냐고 물으면 "할아버지와 대화한다."고 대답하곤 했다. 분리 경험에 따른 이러한 일시적인 정신증적 증상은 자신을 돌봐주었던 중요한 타인과 재회하거나 다른 중요한 타인이 새롭게 대두될 경우 사라지는 경향이 있다. ◆

5. 경계선 성격장애의 특징과 유형

밀론과 데이비스(Millon & Davis, 1996)는 경계선 성격장애를 나타내는 사람들의 특징적인 증상을 8가지 영역으로 나누어 제시하였다. 다음은 그중 몇 가지 영역이다. 이를 통해 경계선 성격장애에 대한 이해의 폭을 한층 더 넓힐 수 있을 것이다.

1) 문제 영역별 핵심 특징

(1) 불규칙적이고 예측 불가능한 행동

경계선 성격장애를 지닌 사람들이 나타내는 행동은 일관적이지 못하고 매우 불규칙하다. 예를 들어, 이들은 어떤 때는 타인의 시선을 끌 정도로 적절하고 세련된 옷차림을 했다가도 어떤 때는 단정치 못하고 지저분한 옷차림을 한다. 또한 그들의 음성은 힘과 생동감이 넘쳤다가도 어떤 때는 느리고

우물거린다. 이들의 행동은 잘 계획된 것이라기보다는 무계
획적이고 충동적이며 종잡을 수가 없다. 이들의 행동상의 특
징을 한마디로 요약하면 불규칙하고 예측 불가능하다고 할
수 있다.

(2) 역설적인 인간관계

경계선 성격장애를 지닌 사람들은 타인의 애정과 관심을
끊임없이 추구하지만 실제로는 정반대로 행동하는 경우가 많
다. 이러한 모순된 행동 때문에 다른 사람들에게 거부당하는
경험 역시 자주 하게 된다. 이들은 이러한 거부나 버림받음 혹
은 소외에 대한 두려움으로 상대방에게 예측 불가능하고 극단
적인 행동을 자주 나타내며, 결과적으로는 자신의 안전을 스
스로 손상시킨다.

이들은 타인에게 지나치게 의존적인 모습을 보이고, 상대
방에게서 자신의 의존 욕구를 충족시키지 못했을 때는 상당한
불안과 공포를 경험한다. 인간관계에서 이들이 궁극적으로
바라는 것은 자신을 버리지 않을 타인의 삶 속으로 침투하는
것이다. 이들은 이러한 목적을 달성하기 위해 때로는 타인을
조종하려 들기도 한다. 이들이 나타내는 자살 위협이나 충동
적인 자기파괴적 행동에는 한편으로 타인에게 구원의 손길을
내밀도록 만들려는 의미가 내포되어있는지도 모른다.

이들은 거부당하거나 버림받지 않기 위하여 상대방에게 극도의 찬사와 경의를 표시한다. 그러나 실제적인 관계에서 기대했던 것만큼의 반응을 상대방에게서 얻지 못하면 내면에 상처가 쌓이게 되고, 이러한 상처는 상대방에 대한 격하와 비난, 돌발적인 분노 표출로 이어진다.

(3) 변덕스러운 사고 패턴

경계선 성격장애를 지닌 사람들의 사고방식에서 가장 두드러지는 것은 일상생활과 인간관계에서 상반되는 극단적인 생각과 감정을 자주 경험한다는 것이다. 이들은 상반되는 감정을 경험할 뿐만 아니라 자신과 타인에 대해 양가적인 태도 또한 보인다. 즉, 이들의 주된 문제는 생각이나 행동 혹은 감정에 있어서 뚜렷한 일관성을 유지하지 못하고 변덕스럽다는 것이다.

(4) 불확실한 자기상

경계선 성격장애를 지닌 사람들은 심오한 공허감과 아울러 정체감의 혼란을 경험한다. 이들은 자신이 어떤 사람인지와 관련하여 확실한 관념을 갖지 못하기 때문에 자기 자신에 대한 느낌이나 생각이 파편처럼 뿔뿔이 흩어져 잘 통합되지 않는다.

(5) 불안정한 정서 상태

경계선 성격장애를 지닌 사람들이 나타내는 감정을 주의 깊게 관찰해보면, 기본적인 감정의 기조가 일관적으로 유지되는 것이 아니라 서로 성격을 달리하는 여러 감정이 번갈아 가며 순환적으로 나타난다는 것을 알 수 있다. 예를 들어, 이들은 심한 우울을 경험하다가도 곧이어 강한 불안을 경험하며, 뒤이어 강한 분노와 적대감을 표출하다가도 또다시 우울이나 무감동의 상태가 되기도 한다.

2) 경계선 성격장애의 하위 유형

경계선 성격장애를 지닌 사람들은 매우 복잡한 증상을 가지고 있다. 여기에서 한 가지 주의할 것은 경계선 성격장애로 진단받은 사람들이라고 해서 모두 같은 형태의 증상을 나타내는 것은 아니라는 점이다. 경계선 성격장애도 핵심이 되는 증상의 성질에 따라 몇 가지 하위 유형으로 나눌 수 있다.

다음에서 제시하는 4가지 유형은 밀론과 데이비스(1996)의 분류를 참고하여 저자가 정리한 것이다. 이러한 유형 분류는 학술적인 의미를 갖는다기보다는 독자의 이해를 돕기 위한 것임을 밝혀둔다.

(1) 위축형 경계선 성격장애

위축형 경계선 성격장애에 속하는 사람들은 전형적으로 타인과의 마찰을 피하고 만성적으로 우울하며, 온순하고 순종적이다. 이들은 한두 사람의 중요한 인물에게 강한 애착을 형성하고 그들에게 무조건 순종하는 경향이 있다.

그러나 이러한 애착은 그리 안정적이거나 신뢰할만한 것이 못 된다. 왜냐하면 이 유형의 사람들은 내면 역시 몹시 불안정하여 심리적인 평형 상태가 항상 위태롭기 때문이다. 그래서 이들은 나름대로 애착을 형성한 상대방에게 끊임없는 집착과 관심을 보인다.

이들은 심리적인 자원이 부족하고 자신에 대한 기본적인 회의가 현저하기 때문에 자신에게 의지가 될만한 사람이라면 그 누구에게라도 끈질기게 매달린다. 이 과정에서 자신의 모든 개성과 자율성은 철저하게 억눌러진다. 사실 위축형 경계선 성격장애의 이러한 특징은 의존성 성격장애와 매우 흡사한 측면이 있다.

이들은 쉽게 낙담하고 우울해하며, 절망과 무력감도 쉽게 느낀다. 또한 이들은 자신에게 주어지는 책임이나 의무가 아무리 사소한 것일지라도 큰 부담을 갖는다. 다른 사람들은 쉽게 해내는 사소한 일에도 온갖 에너지를 다 투입해야 다소나마 진척을 이룰 수 있을 정도다. 이들의 인생은 공허하고 힘겨

우며 외롭다. 혼자서는 아무것도 해낼 수 없고 자신은 무익한 존재에 불과하다는 인식이 거듭될수록 그들이 경험하는 우울 감과 위축감은 더 심해지며, 그 결과로 마치 타인이 유아를 돌 보듯이 자신을 돌봐주기를 기대하는 마음에서 그 타인에게 더 큰 집착과 의존을 보이게 된다.

경계선 성격장애의 뚜렷한 특징 중 하나인 강한 분노와 적 개심은 이 유형의 사람들에게서는 대개 억제되고 억압되는 경 향이 있다. 간혹 분노와 적개심을 약자에게 표출하기도 하지 만, 기본적으로 이 유형의 사람들에게 분노 표출이란 매우 위 험한 것으로 간주된다. 분노를 표출할 경우 상대방이 자신을 거부하거나 버릴지도 모른다는 불안이 있기 때문이다.

이들은 자신이 의존하고 있는 대상에게 적대감과 분노를 경험할 경우 종종 죄책감을 느끼며 자기비난에 빠진다. 공격 적인 충동을 밖으로 드러내지 않고 통제하려는 이들의 분투 는 이러한 충동을 밖으로가 아닌 자기 내면으로 돌리게 하 여 스스로를 처벌하는 양상으로 이어진다. 이렇게 볼 때 이 유형의 사람들이 느끼는 무가치감과 자기비난은 죄책감에 대한 스스로의 처벌일 뿐이며, 따라서 이들이 나타내는 자 기학대와 자살 시도 역시 자신이 의존하는 상대방에게 느끼 는 분노나 적개심에 대해 스스로를 처벌하는 한 가지 방편 이라고 할 수 있다.

(2) 충동형 경계선 성격장애

이 유형의 경계선 성격장애에 속하는 사람들은 변덕스럽고 피상적이며 종잡을 수가 없다. 이들은 다른 사람들에게 얻고자 하는 관심과 애정을 얻지 못할 경우 수단과 방법을 가리지 않고 그들의 관심을 끌려고 한다. 이것은 연극성 성격장애를 지닌 사람들이 다른 사람들의 관심을 얻기 위해 온갖 유혹을 시도하는 것과 유사하다.

이들은 현란한 치장과 행동을 하거나 극단적인 쾌활함을 보이거나, 자신을 부풀리는 행동을 보임으로써 다른 사람들과의 접촉을 유지하고 그들에게 조그마한 관심이라도 얻고자 분투하며, 이곳저곳에서 이런저런 행동을 쉴 새 없이 한다. 하지만 이들의 행동에는 계획성이 없고 대안적인 행동을 고려하지도 않으며, 행동의 결과가 어떠하리라는 예상도 하지 않는다. 따라서 이들의 행동은 대부분의 경우 무책임하다.

그런데도 이 유형의 사람들이 보이는 이러한 현란한 행동은 다른 사람들의 관심을 이끌어내지 못한다. 이들은 거부와 좌절을 되풀이하여 경험하며, 타인의 인정을 영원히 상실할지도 모른다는 두려움으로 깊은 절망을 느낀다.

이것은 스스로의 가치에 대한 평가절하로 이어진다. 타인을 유혹해서 그에게서 관심을 이끌어내려는 이들의 노력이 거듭해서 좌절을 겪게 됨으로써 불안은 더욱 커지고, 자신의 가

치에 대한 회의 역시 더욱 증폭된다. 이것은 결국 깊은 공허감
과 모든 사람에게서 버려진 듯한 느낌으로 이어진다.

(3) 분개형 경계선 성격장애

이 유형의 경계선 성격장애에 속하는 사람들은 수동공격적
성격장애를 지닌 사람들과 유사한 측면이 많다. 그러나 수동
공격적 성격장애를 지닌 사람들이 나타내는 분노나 공격적 행
동에 비해 이들이 나타내는 분노나 공격적 행동은 훨씬 더 강
렬하고 빈번하다.

이 유형의 사람들이 나타내는 가장 두드러지는 특징은 끊
임없이 표출되는 분노와 불평불만이다. 따라서 이들과 마주
하고 있으면 언제 불만과 분노가 표출될지 몰라 항상 전전긍
긍해야 한다. 이 유형의 사람들은 고집이 세고 완고하며, 무
뚝뚝하고 비관적이다. 또한 화를 잘 내고 비판적이며 반항적
이다.

그런데도 이 유형의 사람들은 타인의 인정과 관심을 얻기를
갈망하며, 타인에게서 거부당하거나 버림받는 것을 두려워한
다. 그러나 겉으로 드러나는 것은 정반대다. 타인의 관심과 인
정을 이끌어내기 위해 자신을 굽히거나 억누르는 것을 이들은
참을 수 없는 굴욕으로 느낀다. 이 유형의 사람들에게 가장 모
순적인 것은 자신이 의존하고자 하는 대상에 분노를 표출한다

는 것이다. 따라서 관심과 사랑, 인정과 존중을 구하고자 하는 대상을 매우 싫어하는 이중적인 행동을 보이게 된다.

결과적으로 이 유형의 사람들은 다른 사람들과 평화로운 공존을 유지하지 못하기 때문에 외롭다. 누가 항상 불만투성이고 비판적이며 화를 잘 내는 이런 유형의 사람들과 같이 있으려 하겠는가. 결국 이 유형의 사람들은 다른 사람들의 관심을 얻으려는 내면의 소망과 그들을 자신에게서 멀리 달아나게 함으로써 그들에게 휘둘려지지 않으려는 이중적이고도 양극적인 욕구 속에서 방황하게 된다.

(4) 자벌형 경계선 성격장애

이 유형의 경계선 성격장애에 속하는 사람들은 분개형 경계선 성격장애와 마찬가지로 타인의 인정과 관심에 이중적인 태도를 지닌다. 이들에게 있어서 타인에게 굴복하는 것은 자신의 독립성과 자율성을 훼손당하는 것을 의미하며, 반대로 타인에게서 완전히 분리되는 것은 고립을 의미한다. 이 유형의 사람들은 자신이 타인에게 의존할 필요를 느낀다는 것 자체에 분노를 느끼고, 인정과 애정을 구하고자 했던 대상을 오히려 증오하는 과정을 되풀이한다.

그러나 이들은 분개형 경계선 성격장애와는 달리 내면적으로 경험하는 불만과 분노를 좀처럼 겉으로 드러내지 않는다.

간혹 엉뚱한 방식으로 불만이 표출되기도 하지만, 대개의 경우 이러한 불만과 분노는 공개적으로 타인을 향하기보다는 자기 자신을 향해 내면적으로, 그리고 자벌적인 방식으로 표출되는 경향이 있다.

겉으로 보기에 자벌형 경계선 성격장애를 지닌 사람들은 순응적이고 사교적인 것처럼 보인다. 그러나 외면적인 순응성과 사교성의 이면에는 겉으로 드러나지 않을 뿐 분노와 적개심이 들끓고 있다고 보아야 한다. 따라서 이 유형의 사람들은 내면적으로 경험하는 분노와 적개심, 타인에 대한 불만을 억제하고 조절 및 통제하고자 끊임없이 노력한다.

이들이 그렇게 하는 이유는 그래야만 타인의 관심과 애정을 얻을 수 있을 것 같아서다. 따라서 이들은 자신의 내면에서 들끓고 있는 분노와 적개심을 다른 사람들이 눈치채지 못하도록 하기 위해 타인의 요구와 기대에 지나치리만큼 순응하는 경향이 있다. 그러나 이들의 이러한 행동은 타인에게서 진정한 정서적 지지와 인정을 이끌어내지는 못하며, 결국 이러한 좌절은 지속적인 우울과 불안을 초래한다.

한편, 이들은 자신이 가진 내면의 결함을 자각하지 않으려고 애쓴다. 왜냐하면 그것을 자각하는 것은 외적으로 드러난 자신의 모습무엇이든 잘하려고 하는 모습과 내면적으로 경험되는 자신의 모습결함투성이면서 중요한 것들이 결여된 모습의 고통스러운 직면을 의미하기 때문이다. 엄연히 존재하는 수많은 결함을 인정하지 않으려는 이러한 자기방어의 결과는 타인에 대한 의존의 강화로 이어진다. 그리고 이러한 방식으로 강화된 의존은 또다시 타인에 대한 강화된 분노의 경험으로 이어진다. 분노가 증가하고 그것이 체험되면, 그것을 드러내지 않기 위해 스스로에 대한 책망을 가중하고 그 결과로 광범위한 신체 증상을 호소하게 된다. ◆

6. 경계선 성격장애의 경과

(1) 발현 시기

경계선 성격장애는 청소년기나 성인기부터 시작하는 경우가 대부분이다. 그러나 자기정체성에 문제를 지닌 청소년이나 성인기 초기에 막 접어든 사람에게는 성급히 경계선 성격장애라고 진단을 내려서는 안 된다. 흔히 이 시기의 개인은 실존적 딜레마에 빠져 정서적 불안정성이나 강한 불안, 정체감의 혼란 등을 경험하는 경우가 많다. 왜냐하면 이 시기는 발달적으로 자기 존재의 실존적 의미를 발견하고, 보다 확고한 정체감을 형성해야 하는 시기이기 때문이다. 따라서 이들에게 성급히 경계선 성격장애 진단을 내리는 것은 잘못된 것일 수 있다.

경계선 성격장애는 발달 과정에서 한때 나타나는 일과성의 심리적 장애가 아니라 비교적 지속적인 패턴을 지니는 성격 구조상의 문제다. 따라서 앞서 제시한 DSM-5의 진단 기준에 확실히 들어맞지 않는 경우에는 경계선 성격장애 진단을 내려서는 안 된다.

(2) 발생 빈도와 성별 분포

미국의 경우 전체 인구의 1.6% 정도가 경계선 성격장애를 지니고 있는 것으로 추정되지만, 이 수치는 5.9%까지 높아질 수 있다고 한다(APA, 2013). 일차 정신과 의료 장면의 약 6%, 그리고 외래 정신과 환자의 약 10% 정도가 경계선 성격장애를 지니고 있으며, 정신병원 입원 환자 중 약 20% 정도가 경계선 성격장애에 해당하는 것으로 추정되고 있다. 또한 성격장애로 진단받은 사람들 가운데 30~60% 정도가 경계선 성격장애에 해당할만큼 성격장애 중에서 경계선 성격장애가 차지하는 비중은 꽤 높은 편이다. 일반적으로 연령대가 높아질수록 경계선 성격장애 진단율은 낮아지는 것으로 알려져 있다.

우리나라에서는 경계선 성격장애에 대한 본격적인 역학조사가 이루어지지 않아서 정확한 발생 빈도를 말하기 어렵다. 다만 1996년에 서울대학교병원 신경정신과 류인균 교수가 2월부터 8월까지 서울 시내 3개 대학의 여대생 285명을 조사한 결과, 이 중 5.6% 정도가 경계선 성격장애를 가진 것으로 조사

되었다는 보고가 있을 뿐이다(동아일보, 1998. 9. 22.).

경계선 성격장애는 남성보다는 여성에게서 훨씬 더 빈번하게 발생하는 것으로 알려져 있다. 한 예로 미국정신의학회(2013)의 보고에 따르면, 경계선 성격장애로 진단받은 사람들 가운데 약 75%가 여성인 것으로 나타났다.

경계선 성격장애는 부모나 형제 중 경계선 성격장애를 지닌 사람이 있는 경우가 그렇지 않은 경우에 비해 5배 정도 더 높은 발병 빈도를 보이는 것으로 보고된다. 또한 가족 중에 약물과 관련된 심리적 장애나 반사회성 성격장애, 기분장애 등을 가진 사람이 있을 경우 가족 내의 다른 구성원이 경계선 성격장애를 가질 가능성이 더 높아지는 것으로 보고되고 있다.

(3) 진행 경과

경계선 성격장애의 진행 경과는 사람마다 차이가 크기 때문에 일률적으로 말하기는 어렵다. 그럼에도 가장 일반적으로 나타나는 진행 경과는 다음과 같다.

우선 후기 청소년기나 초기 성인기에 만성적으로 불안정한 시기가 이어지며, 정서적 불안정과 충동통제 실패를 경험하는 빈도가 증가한다. 또한 이 시기에는 신체적 혹은 정신적 원인으로 병원이나 관련 시설을 이용하는 빈도 역시 증가한다.

경계선 성격장애로 인한 개인적 손상과 자살의 위험은 초기 성인기에 가장 커지고, 이후로는 점차 나이가 들어감에 따라 이러한 위험성도 약해지게 된다. 30대나 40대에 이르면 경계선 성격장애를 지닌 대부분의 사람은 인간관계나 직업생활 등에서 어느 정도의 안정감을 획득해나가기 시작한다. ◈

7. 다른 심리장애와의 관계

경계선 성격장애를 지닌 사람들이 나타내는 증상은 매우 다양하다. 따라서 때로는 다른 심리장애를 지닌 사람들이 나타내는 증상과 명확히 구분이 안 되는 경우가 많다. 즉, 때로는 편집증적 증상을 나타내기도 하여 편집성 성격장애처럼 보이기도 하고, 때로는 일시적으로나마 현실 지각의 왜곡과 망상을 나타내기도 해서 조현병이 아닌가 싶기도 하다. 또한 이들이 나타내는 정서적 증상을 고려할 때는 기분장애나 불안장애로 간주될 여지도 있다.

특정 심리장애가 다른 심리장애와 어떻게 다른지에 초점을 맞추어 특정 심리장애의 고유한 증상에 기초한 진단을 내리는 것을 감별 진단differential diagnosis이라고 하는데, 여기에서는 경계선 성격장애와 기타 심리장애의 관계를 살펴보고자 한다. 즉, 경계선 성격장애가 다른 심리장애와 어떤 증상을 공유하는지, 어떤 점에서 서로 차이가 나는지를 살펴볼 것이다.

(1) 기분장애

기분이란 사람들의 생활에 지속적으로 영향을 미치는 감정 상태를 말한다. 어떤 사람들은 일상적인 생활에서 통상적으로 기대할 수 있는 수준으로부터 현격하게 벗어난 극단적인 기분의 변화를 경험하기도 하는데, 이런 경우를 기분장애mood disorder라고 한다.

기분장애의 가장 기본이 되는 것은 우울장애다. 경우에 따라서는 우울과 정반대로 기분이 고양되는 조증 상태가 우울에 뒤이어 주기적으로 반복되는 경우도 있다. 하지만 우울 상태만 지속되든 우울 상태와 조증 상태가 번갈아가며 되풀이되든 간에, 정상적인 적응을 어렵게 만드는 현격한 기분의 변화가 발생한다는 것이 기분장애의 핵심 측면이다.

경계선 성격장애를 지닌 사람들이 나타내는 정서적 증상은 기분장애와 상당 부분 겹친다. 예를 들어, 경계선 성격장애에서 나타나는 공허감, 무력감, 자기비하, 무가치감, 상실감, 절망감 등은 우울 상태에서의 그것과 매우 유사하다. 따라서 경계선 성격장애와 기분장애는 혼동되는 경우가 종종 있다.

이 둘 간의 핵심적 차이는 그러한 기분의 변조가 개인의 기본적인 성격 결함을 반영하는지, 아니면 환경에 따른 스트레스의 결과인지의 여부다. 따라서 특정한 시기에 국한해서 나타나는 특정한 환경적 스트레스에 대한 반응으로서가 아닌 장기간의 기분장애가 나타나고, 그러한 장애가 개인의 성격 결함을 반영한다고 판단될 때는 기분장애보다 경계선 성격장애의 진단이 더 유력하다.

(2) 분열형 성격장애

분열형 성격장애schizotypal personality disorder를 지닌 사람들의 생각이나 행동은 매우 기이하고, 때로는 이들이 무슨 말을 하는지 정확한 뜻을 알아듣기 어려울 때가 많다. 이들은 인간관계를 유지하는 기본적인 능력이 결여되어 있기 때문에 혼자 지내는 경우가 많다. 스트레스 상황에서는 망상이나 마술적 사고를 나타내기도 하고, 텔레파시나 천리안 등의 초능력에 관심을 보이는 등 조현병에 가까운 증상을 보이기도 한다.

경계선 성격장애와 분열형 성격장애는 구별하기 어려운 경우가 종종 있다. 실제로 한 연구에 따르면 분열형 성격장애의 33% 정도는 경계선 성격장애와 겹치는 것으로 보고되고 있다 (Morey, 1985). 이 2가지 성격장애 간의 핵심적인 차이는 조현병과 유사한 증상이 더 우세한지, 혹은 정서상의 문제가 더 우세한지와 관련된다. 분열형 성격장애를 지닌 사람들은 사회적으로 철수되어 있으며 주로 사고와 지각에서 병리를 보이는 반면, 경계선 성격장애를 지닌 사람들은 주로 인간관계 영역에서 불안정한 정서와 양가적인 감정을 나타낸다.

(3) 연극성 성격장애

연극성 성격장애hystrionic personality disorder를 지닌 사람들의 가장 큰 관심사는 타인의 관심을 얻는 것이다. 이들은 타인의 관심과 주목을 끌기 위해 여러 가지 행동방식을 사용한다. 여기에는 현란한 화장을 하고 현란한 몸짓을 한다든지 사람들을 조종하려 든다든지, 자기과시를 한다든지 유혹하려 하는 것 등이 있다. 즉, 자기를 매력적이고 그럴듯하게 연출함으로써 타인의 관심을 끌고자 하는 것이다. 하지만 이들은 관계를 잘 맺고 유지하는 것에 관심이 있는 것이 아니라 다른 사람의 주목을 끄는 것 자체에만 관심을 두기 때문에, 이들이 맺는 인간관계는 매우 피상적이어서 진실한 관계를 유지하게 만들지는 못한다.

연극성 성격장애는 다른 사람의 칭찬과 관심 및 인정에 의존하고 다른 사람의 보살핌이나 관심이 없으면 견딜 수 없을 만큼 불안정해진다는 점에서 경계선 성격장애와 유사하다. 그러나 연극성 성격장애는 다른 사람의 관심을 끄는 것 자체에 관심을 두는 반면, 경계선 성격장애는 관계에서 다른 사람의 관심과 애정도 중요시하지만 그보다는 다른 사람에게 거부

당하거나 버림받을지 모른다는 공포를 훨씬 더 우세하게 갖는
다. 이로 인해 공허감과 외로움을 경험하고 폭발적인 분노를
표출하며, 상대방에 대한 이상화와 격하 등 훨씬 두드러진 관
계의 불안정성을 보인다.

(4) 의존성 성격장애

의존성 성격장애dependent personality disorder를 지닌 사람들의
가장 큰 특징은 무력감과 자신감 부족이다. 따라서 이들은 혼
자서 뭔가를 계획하거나 실행·결정하지 못한다. 또한 조그
마한 일에도 끊임없이 타인의 보증과 안내, 도움을 필요로 한
다. 이들의 가장 큰 생활목표는 자신을 거부하지 않고 자신이
의지할 수 있는 믿을 만한 사람을 찾아서 함께 지내는 것이다.
그런 사람과의 관계를 계속 유지하기 위해 이들은 상대방의
무시와 비난, 심지어 학대까지도 참고 견딘다.

의존성 성격장애와 경계선 성격장애의 가장 큰 유사점은
둘 다 거부당하고 버림받는 것에 대한 두려움이 크다는 것이
다. 그러나 의존성 성격장애를 지닌 사람들은 타인에게 복종
하고 즐거움을 선사함으로써 그들의 관심과 애정을 계속 유지
하려 하는 반면, 경계선 성격장애를 지닌 사람들은 내면적으
로는 의존의 욕구가 매우 강하지만 실제 인간관계에서는 의존
하고자 하는 바로 그 대상에게 분노를 폭발하거나 적개심을

드러내는 역설적인 행동을 보인다는 점에서 차이가 있다.

(5) 자기애성 성격장애

자기애성 성격장애narcissistic personality disorder를 지닌 사람들의 핵심적인 특징은 자신은 다른 사람들보다 우월하고 특별한 존재라는 믿음을 지닌다는 것이다. 그렇기 때문에 이들은 타인에게 특별히 대우받기를 원하며, 다른 사람들을 무시하거나 비하하는 듯한 태도와 행동을 취한다. 이들은 명예와 부, 성공 등에 집착하고, 자신의 성공을 위해서라면 타인을 이용하거나 착취하는 것도 서슴지 않으며, 이에 대해 전혀 죄책감을 지니지 않는다. 이들은 다른 사람들에게 부정적인 평가나 비판을 받는 것에 극도로 예민하며, 실제로 이러한 일이 발생할 경우 분노를 폭발하기도 한다.

자기애성 성격장애는 인간관계에서 조그마한 자극에도 분노로 반응한다는 점에서는 경계선 성격장애와 유사하지만, 자기파괴적인 행동이 두드러지거나 충동적이지 않고, 타인에게서 버림받는 것을 크게 불안해하거나 공포감을 갖지 않는다는 점에서는 경계선 성격장애와 차이가 난다. ◈

경계선 성격장애는
왜 생기는가

2

1. 경계선 성격장애의 발달 배경

1) 아동기의 외상 경험

외상적 사건traumatic events이란 한 개인이 효과적으로 다룰 수 있는 범위를 넘어선 스트레스 사건을 말한다. 이러한 외상적 사건은 극심한 심리적 스트레스를 유발한다. 여러 연구에 따르면, 아동기에 경험하는 다양한 외상적 사건이 나중에 경계선 성격장애의 발달로 이어지는 경우가 많다(Marziali, 1992).

경계선 성격장애로 발달하기 쉬운 아동기 외상 경험에는 자라나는 과정에 부모를 비롯하여 중요한 타인에게서 받은 정서적 철수emotional withdrawal를 포함한 무시와 신체적 학대, 부모의 사별이나 이별 등과 같은 상실 경험, 부모의 돌봄을 제대로 받지 못한 성장 경험, 다양한 형태의 성적 학대 등이 있다. 그

러나 아동기에 이러한 외상적 사건을 경험한 사람들이라고 해
서 나중에 전부 경계선 성격장애를 지니게 되는 것은 아니다.
다만, 다음의 여러 가지 아동기 외상 경험은 경계선 성격장애
의 발병과 밀접한 관련이 있음을 이해하는 게 중요하다.

(1) 신체적 및 성적 학대

경계선 성격장애를 지닌 사람들은 아동기에 여러 가지 형
태의 학대를 받고 자란 경우가 많다. 이러한 학대 중에는 성
적 학대가 가장 두드러지지만, 언어적 학대나 신체적 학대의
비중도 크다. 한 연구에 따르면 아동기 성적 학대의 경험은
다른 심리장애에 비해 경계선 성격장애에서 더 빈번한 것이
사실이다.

이러한 학대 경험이 아동에게 어떠한 영향을 미칠지는 쉽
게 추측할 수 있다. 성적이든 신체적이든 학대의 형태와 상관
없이, 학대가 이루어지는 상황이 지니는 한 가지 본질적인 특
징은 학대받는 아동에 대한 철저한 무시와 유린이다. 특히 이
러한 무시와 유린이 수차례 되풀이해서 발생할 경우에는 그
후유증이 더욱 심각해진다.

이러한 학대를 통해 아동은 학대를 가하는 사람을 향한 분
노와 적개심을 마음속 깊이 쌓아두게 되고, 이러한 분노와 적
개심을 학대를 가한 사람을 넘어서서 다른 중립적인 대상에게

까지 확산하게 되어 타인에 대한 아동의 불신과 경계심은 더욱더 커지게 된다. 한편, 학대를 벗어날 수 없다는 무력감은 아동의 자기가치감에 씻을 수 없는 상처를 남기며, 이는 혼자 힘으로 삶을 개척해나가는 데 필요한 자율성과 독립심에 큰 멍에를 지우게 된다.

한번 학대를 경험한 아동은 그러한 학대가 언제 어떤 형태로 되풀이될지 몰라 극심한 불안과 공포감을 갖게 되며, 이는 실제로는 학대가 되풀이되지 않는다 하더라도 아동의 상상 속에서 언제나 끔찍한 경험으로 살아남아 항상 심리적 재체험의 대상이 되는 외상적 사건으로 자리 잡게 된다.

(2) 중요한 타인의 상실

성장하는 아동에게는 어머니로 대표되는 중요한 타인의 사랑과 돌봄이 필수적이다. 따라서 중요한 타인을 애정과 애착의 대상으로 받아들이는 것은 지극히 당연하다. 이러한 애착 대상을 실제적으로나 상징적으로 상실하게 될 경우, 아동은 무의식적으로 애착 대상에게서 거부당했다거나 그 대상을 자신이 없애버렸다는 등의 상상을 하게 된다. 사랑하는 대상이 자신을 버렸다는 생각은 상실된 대상에 대한 미움과 분노, 적개심을 불러일으킨다. 또한 애착 대상의 상실이 자신의 잘못으로 말미암아 초래되었을지 모른다는 생각은 죄책감의 경험으로 이어진다. 자신이 올바르게 행동하지 못해서 사랑하는 대상을 잃어버리게 되었다는 생각은 스스로의 잘못에 대한 강한 죄책감을 형성하게끔 만든다는 것이다.

애착 대상을 상실했다고 하는 것은 정서적으로 자신을 돌봐줄 대상을 잃어버렸다는 것을 의미한다. 따라서 애착 대상의 상실은 아동이 빈곤한 정서적 환경에 홀로 남겨지게 됨을 뜻하며, 이는 아동의 건전한 자아 성장에 필요한 긍정적 존중과 수용 및 사랑을 더 이상 아동이 받지 못하게 되었음을 나타낸다.

그런데 문제는 이러한 상실이 사별과 같은 어쩔 수 없는 상실_{애정 대상의 상실}뿐만 아니라, 대상은 건재하지만 그 대상에게서 받는 지속적인 관심과 애정이 상실된 것_{대상의 애정 상실}까지도 포함한다는 것이다. 따라서 사별과 같은 대상의 실제적이고도 영원한 상실, 부모의 이혼으로 인해 부모와 떨어져 지내는 것이나 다른 불가피한 사정으로 일정한 시기 동안 부모와 떨어져 지내는 것 등을 포함한 실제적이고도 일시적인 이별, 부모와 떨어져 있지는 않지만 특정한 이유 때문에 더는 부모의 애정을 받지 못하는 것 등을 포함한 부모의 애정 상실 등 여러 가지 형태의 상실 경험은 아동에게 극심한 후유증을 남기게 된다.

(3) 부정적이고 비일관적인 부모의 양육 방식

부모가 아동과 상호작용해 나가는 방식은 아동의 심리적 발달에 극히 중요하다. 아동은 자라나는 새싹과도 같아서 충분한 정서적 자양분을 일관되게 지속적으로 제공받지 못하면 정상적인 발달을 이룰 수 없게 된다. 부모와 아동의 상호작용 방식에서 발생하는 문제는 크게 3가지 경우로 나눌 수 있다.

첫 번째, 부모가 아동에게 필요한 정서적 지지와 보살핌을 전혀 제공하지 못하는 경우다. 예를 들면, 부모의 신체적 건강이 매우 취약하여 자녀에게 신경을 쓸 여유가 없다든지, 아동이 부모와 상당 기간 떨어져 지내게 된다든지, 부모가 일이 바빠 아동을 안중에 두지 못하게 되는 경우다.

두 번째, 아동에 대한 부모의 보살핌이 부정적인 성질을 띠는 경우다. 아동을 윽박지르거나 꾸짖는 등 비교적 경미한 것부터 아동을 상대로 학대를 가하거나 분노를 폭발시키는 등의 극심한 형태에 이르기까지 부모가 아동에게 전달하는 부정적인 정서적 보살핌은 아동에게 부모에 대한 부정적인 애착을 형성하도록 만든다. 부모에 대해 적대감과 분노를 경험하게 된 아동은 나중에 다른 대상에 대해서도 그것을 똑같이 일반화시키게 된다.

세 번째, 아동에 대한 부모의 정서적 보살핌이 일관적이거나 안정적이지 못한 경우다. 아동을 대하는 부모의 태도가 어떤 때

는 긍정적이었다가 또 어떤 때는 부정적일 경우 아동은 혼란에
휩싸인다. 특히 이러한 비일관적인 정서적 보살핌이 부모의 불
안정한 정서 상태에서 기인하는 경우 아동이 경험하는 혼란은
더욱 커진다. 즉, 아동은 자신을 긍정적으로 대하는 대상과 부
정적으로 대하는 대상이 동일 인물이라는 것을 받아들이는 데
어려움을 겪게 된다. 다시 말해, 부모라는 동일 인물이 아동의
마음속에서는 좋은 부모'나를 칭찬하고 예뻐해 주는 부모' 와 나쁜 부모
'나를 꾸짖고 야단치는 부모' 로 분리된다는 것이다.

동일한 대상에 대해 2가지의 극히 상반된 이미지를 형성하
게 되는 것을 분열splitting이라고 하는데, 이러한 분열은 경계선
성격장애를 지닌 사람들의 핵심적인 특징 중 하나다. 경계선
성격장애를 지닌 사람들이 동일한 대상에 대해 어떤 때는 극
진한 존경과 흠모의 감정을 표현했다가 또 어떤 때는 극도의
부정적 감정을 표출하는 것이 바로 그들의 마음속에서 대상에
대한 적절한 통합이 이루어지지 못했음을 나타내는 증거다.
결국 이것은 앞서 살펴본 대로 부모의 비일관적인 양육 방식
이 초래한 결과인 셈이다.

2) 불확실성의 사회

우리가 살고 있는 이 시대에 확실한 것은 별로 없는 듯하다.

어제의 관습이 오늘 통용되지 않고, 지난날 공유했던 가치는 오늘날 다른 가치로 대체된다. 사회 변화의 속도는 점점 더 빨라져만 가고, 변화의 폭 또한 점점 더 확대되어 간다. 급속히 진행되는 산업화와 정보화는 사람들에게 기존에 가졌던 사고방식의 근본적인 변화를 요구한다.

경계선 성격장애의 발달에 있어서 무엇보다 중요한 역할을 하는 것은 앞서 살펴본 대로 가정이지만, 개개인이 몸담고 있는 사회의 특성 또한 경계선 성격장애와 깊은 관련이 있는 것으로 간주된다. 특히 현대사회의 핵심적인 특징 중 하나인 '불확실성'은 우리 사회에 몸담고 있는 사람들을 점점 더 '경계선적 성격화' 해나가는 것 같다.

경계선 성격장애의 핵심적 특징 중 하나가 불확실성과 불안정성이라는 점을 감안할 때, 이전 시대를 이끌던 확실성과 절대성을 더 이상 이 시대에서 찾을 수 없는 아동과 젊은이들은 경계선 성격장애에 매우 취약한 사회환경 속에서 살고 있는 셈이다. 날로 급변하는 유동적인 삶의 환경 속에서 일관성 있는 자기정체감을 유지하기란 쉬운 일이 아니며, 이에 따른 방황과 혼란은 경계선 성격장애의 증상과 매우 유사한 문제를 불러일으킬 가능성이 있다. ◆

2. 경계선 성격장애의 발현 과정

앞서 경계선 성격장애를 지닌 사람들에게서 공통적으로 발견되는 아동기의 몇 가지 외상적 경험을 살펴보았다. 하지만 다시 한 번 강조하고 싶은 것은 이러한 경험을 가졌다고 해서 곧바로 경계선 성격장애를 발현하는 것은 아니라는 점이다. 아동기의 외상적 경험은 그러한 외상적 경험을 다루기 위한 일련의 대처행동을 유발하며, 이러한 대처행동의 성공 여부에 따라 경계선 성격장애가 발현되기도 하고 그렇지 않게 되기도 하는 것이다.

경계선 성격장애를 지닌 사람들이 나타내는 행동은 어떤 경우에는 아동기 때 경험한 외상적 경험을 더 심각하게 만드는 경향이 있어서, 외상적 경험을 다루는 데 효율적으로 작용하기는커녕 오히려 문제를 더 악화시키는 방향으로 작용하기도 한다. 사실 경계선 성격장애를 지닌 사람들이 나타내는 특징적인 행동인 분노 표출, 적대적 또는 공격적 행동, 무기력, 우울, 의존, 죄책감 등은 자신의 심리 상태를 향상하는 데 도움이 되지 않는 행동인 경우가 대부분이며, 이런 의미에서 그러한 행동은 자기패배적self-defeating이라고 할 수 있다. 이와 같은 행동은 다른 사람들의 주목을 이끌어내고, 내면에 가득 찬 정서적 긴장을 발산하게 하며, 마음에 들지 않는 사람들을 응징하는 데는 어느 정도 효과가 있을지도 모른다. 하지만 이러한 행동은 단기적으로는 이득이 있을지 몰라도 궁극적으로는 자신을 더욱더 어려운 지경으로 몰아넣게 하는 기능을 할 뿐이다.

예를 들어, 경계선 성격장애를 지닌 사람들이 나타내는 정서적 불안정성과 자기비하 경향성은 그들이 가진 대인관계상의 어려움에 직면하게 함으로써 실질적인 해결책을 마련하는 데 방해만 줄 뿐이다. 그들이 가진 행동 방략은 날카로운 양날을 가진 칼과도 같아서 한편으로는 생활에서 겪는 불편과 긴장을 방출하는 데 도움이 될지 몰라도, 궁극적으로는 잘못된 태도와 행동 방략을 더욱더 영속화시키는 부정적인 결과를 초래할 수 있는 것이다.

이 점을 염두에 두고 이제부터는 경계선 성격장애를 지닌 사람들이 나타내는 행동이 그들의 문제를 어떻게 더 증폭시키고 영속화시키는지에 대해 알아보기로 하자.

우선, 경계선 성격장애를 지닌 사람들은 자신의 의존 욕구를 성공적으로 충족시켜 본 경험이 거의 없기 때문에 분리불안separation anxiety, 즉 애착 대상을 상실하는 것에 대한 불안이 상당히 크다고 볼 수 있다. 그렇기 때문에 이들은 다른 사람들에게 단순하게 인정과 애정을 이끌어내는 것보다는 더 이상의 상실을 겪지 않고자 하는 데 모든 노력을 기울이게 되며, 이것이 그들의 주된 관심사가 된다. 이에 따라 이들은 다른 사람들의 지지와 존중을 이끌어내는 것보다는 자신들이 아직 보유하고 있는 최소한의 안전이라도 유지하는 데 가치를 두고 노력을 기울이게 된다.

경계선 성격장애를 지닌 사람들은 스스로를 타인을 위해 기꺼이 자신을 희생하는 헌신적이고 희생적인 순교자로 생각하고 행동하는 경향이 있다. 하지만 이러한 생각과 행동의 이면에는 자신을 필요할 때만 이용하고 효용가치가 다하면 버려버리는 사람들이 아닌, 믿고 의지할 만한 사람들에게 기대어 그들의 삶에 자신을 내맡기려는 무의식적 의도가 있다고 보아야 한다. 따라서 경계선 성격장애를 지닌 사람들이 나타내 보이는 자기희생적 행동은 그들이 두려워 마지않는 분리를 당하지 않기 위해 취하는 일종의 절박한 자기보호 행동인 것이다.

더욱이 경계선 성격장애를 지닌 사람들은 자신을 낮춤으로써 다른 사람들에게 자신을 보다 배려하도록 만드는 경향이

있다. 이렇게 볼 때 경계선 성격장애를 지닌 사람들이 나타내
보이는 순교자적 행동은 다른 사람들의 책임감과 관대함을 이
용하려는 수단인 셈이자 다른 사람들과의 애착을 강화하기 위
한 복종적 자기헌신 행동인 것이다.

하지만 경계선 성격장애를 지닌 사람들이 나타내는 이러한
행동이 분리불안을 다스리는 데 별다른 도움으로 작용하지 않
게 된다면 어떤 일이 발생할까? 이들이 자기희생과 자기비하
를 보였음에도 자신이 필요로 하는 다른 사람들과의 애착을
강화하는 데 실패한다면 어떤 일이 발생할까?

만일 이런 일이 발생한다면 이들은 분리불안에 대처하기
위해 이제까지 유지해 왔던 대처행동과는 정반대의 행동을 보
이게 될 것이다. 약하고 복종적인 태도를 보임으로써 다른 사
람들에 대한 애착을 유지하려 했던 이제까지의 행동이 분리불
안을 다스리는 데 별다른 도움이 되지 못함을 경험한 이들은
보다 새로운 대처 방법을 동원할 필요성에 직면하게 된다. 그
래서 다른 사람들에게 더욱더 노골적으로 요구하고 주장하며,
공격적인 행동을 나타내는 것이다. 이러한 새로운 행동도 이
전의 행동과 목적은 같다. 즉, 분리에 따른 불안을 통제하고
그것에 대처하기 위함이다. 경계선 성격장애를 지닌 사람들
이 나타내 보이는 행동상의 급격한 변동과 변화는 분리불안에
대처하기 위해 사용하는 방법의 급격한 변동과 변화에 기인하

는 것으로 볼 수 있다.

안정적인 의존관계 형성의 실패와 분리에 대한 지속적인 공포는 경계선 성격장애를 지닌 사람들에게 불안과 갈등 그리고 적대감을 내면 깊숙이 쌓아가도록 만든다. 이러한 내면의 긴장감은 일정 수위를 넘으면 방출될 수밖에 없다. 여기에는 2가지 방법이 있다. 하나는 서서히 조금씩 방출하는 것이고, 다른 하나는 일시에 극적으로 방출해버리는 것이다.

경계선 성격장애를 지닌 사람들은 자신이 의존하는 대상과 좋은 관계를 유지하고자 하기 때문에 처음에는 이러한 내면적 긴장감을 간접적인 방식으로 표현하려 한다. 낙담과 우울이 이러한 내면적 긴장의 내현적이고도 간접적인 표현의 예다. 탄식, 고통, 절망, 체념 등의 표현은 그들이 내면 깊숙이 경험하는 긴장감을 덜고 내면에서 경험되는 공포와 고통을 외면화하며, 그것을 방출하게 하는 방편으로 작용한다.

그러나 이러한 우울의 표현이 분노를 표출하는 방법이기도 하다는 점에 주목할 필요가 있다. 즉, 이들이 나타내는 우울은 이들이 한때 희망을 걸었던 대상을 좌절시키고 그것에 복수하기 위한 수단으로도 기능할 수 있다는 것이다. 경계선 성격장애를 지닌 사람들은 다른 사람들에게 앙갚음을 하고 그들에게 교훈을 주려는 수단으로 우울을 사용하기도 한다. 이들은 고통을 과장하고, 무기력하고 소진된 모습을 보임으로써 자신이 져야 할 책임을 효과적으로 피하면서 그 짐을 다른 사람들에게 전가한다. 그리하여 자신의 주변 사람들이 죄책감을 갖고 자신을 더욱더 돌보도록 만드는 것이다.

이와 같이 내면적 긴장을 방출하기 위해 사용하는 간접적인 행동 방략은 얼마 지나지 않아 주위 사람들을 지치게 만들고 분노하게 만들어 결국에는 경계선 성격장애를 지닌 사람들이 더욱더 큰 분리불안과 갈등, 적대감을 경험하도록 만든다.

부정적 감정의 간접적 표출이 별다른 도움이 되지 않는다는 것이 드러남에 따라 경계선 성격장애를 지닌 사람들이 경험하는 긴장과 우울은 한계 수위를 넘어서게 되며, 이들은 서서히 통제력을 잃어가기 시작한다. 간혹 기이한 생각과 정신증적 행동이 돌발적으로 나타나기도 하며, 다른 사람들이 보기에 납득할 수 없는 감정의 표출이 나타나기도 한다.

예를 들어, 다른 사람들이 자신을 경멸하고 업신여기며 자신을 버릴 구실만 찾고 있다고 울부짖기도 하고, 다른 사람들의 주목을 끌기 위해 무절제한 행동을 하기도 한다. 무절제한 행동으로는 죽어버리겠다는 위협이 대표적이다. 주위 사람들을 격렬하게 공격하거나 그들에게 분노를 표출해버리는 행동이 나오기도 한다.

그러나 다른 사람들에 대한 이러한 분노 폭발은 경계선 성격장애를 지닌 사람들에게서 발견되는 투사적 정신 과정을 반영하는 것에 지나지 않는다. 이들은 내면적으로 경험하는 유약함과 부적절함을 주위의 다른 사람들에게 전가시키는 데 급급한 것이다. 결함이 많아서 벌 받고 조롱받아야 할 대상은 다른 사람들이 아닌 자기 자신임에도, 그것이 마치 다른 사람들인 것처럼 왜곡하는 것이다. 결국 이러한 왜곡은 다른 사람들을 자신에게서 더욱더 멀어지게 만들고, 자신을 더 고통스러운 나락으로 떨어뜨리는 악순환의 고리가 이어지게 만든다.

경계선 성격장애를 지닌 사람들의 적대감은 그들 자신의 안전에 심각한 위협으로 작용한다. 다른 사람들에 대한 분노를 경험하는 것은 그러한 분노가 오히려 다른 사람들의 적대감과 거부, 유기를 불러일으킬 수 있기 때문에 매우 위험하다. 결국 다른 사람들을 향한 분노와 적대감은 내면화되어 자기 스스로를 향할 수밖에 없으며, 그 결과로 자기를 격하시키고 비난하면서 스스로를 책망하는 일이 반복된다. ◆

3. 정신분석 이론

이 부분에서는 정신분석 이론이 경계선 성격장애를 어떻게 설명하는지 살펴볼 것이다. 이를 위해서 먼저 정신분석 이론의 가장 핵심적인 가정에 대해 간략히 설명하고자 한다.

1) 정신적 결정론과 무의식

바람이 불면 나뭇잎이 흔들린다. 그리고 바람이 멈추면 나뭇잎의 흔들림 또한 멈춘다. 빛이 비치면 어둠이 사라지지만, 빛이 사라지면 세상은 온통 칠흑 같은 어둠에 휩싸인다. 이것은 초등학생 정도만 되어도 다 아는 지극히 당연한 자연의 이치다. 하지만 사람들은 이러한 이치를 당연한 것으로 받아들이기만 할 뿐 그 의미를 더 이상 깊게 생각하려 하지 않는다.

정신분석 이론의 창시자인 프로이트S. Freud는 이러한 당연한 이치로부터 '원인이 멈추면 결과도 멈춘다.'라는 명제를 발전시켜나갔다. 이것에 따르면, 사람들의 감정과 행동은 아무런 이유 없이 나타나는 것이 아니라 특정한 원인이 작용했기 때문에 나타나는 결과다. 원인이 존재하는 한 결과 또한 계속 유지되며, 원인이 사라지게 될 때에야 비로소 결과 역시 사라지게 되는 것이다.

이런 의미에서 볼 때 인간의 겉으로 드러난 감정과 행동 그리고 생각은 특정한 원인에 따라 미리 결정된 것이라고 할 수 있다. 프로이트에 따르면, 아무런 원인도 없이 저절로 발생하는 현상이란 없다. 어떤 힘원인이 작용했기 때문에 사람들은 기쁘고, 슬프고, 괴롭고, 분노하게 되는 것이다.

행동치료 이론 같은 다른 상담 이론에서는 사람들의 희로애락을 결정하는 것이 사람 외부의 환경적 조건이라는 견해를 취한다. 하지만 프로이트는 이와 정반대의 입장을 유지했다. 사람들의 일거수일투족을 결정하는 것은 외적인 환경 조건이 아니라 내적인 그 무엇이라는 것이다. 즉, 사람들을 웃게도 하고 울게도 만드는 것은 사람들 마음속에 존재하는 정신적 과정인 것이다. 이를 정신적 결정론psychic determinism이라고 한다.

인간에 대한 이러한 관점은 우리에게 주어진 특정한 현상을 있는 그대로 이해하는 것에서 한 걸음 더 나아가 이면의 그 무엇을 발견하려는 '분석적 태도'를 유지할 것을 요구한다. 즉, 적절하고 타당한 이해를 얻게 될 때까지 '원인이 무엇인가?'라는 질문을 끊임없이 던지는 자세가 필요하다는 것이다. 원인을 추구하는 것, 그것이 바로 정신분석이다.

사람의 감정, 행동, 생각을 결정하는 정신적 원인의 실체는 무엇인가? 이를 제대로 이해하려면 우선 사람의 마음을 '아는 것'과 '모르는 것'으로 구분해보아야 한다. 이때 아는 것은 밖으로 드러난 것이고 모르는 것은 속에 숨겨진 것이다.

우리는 "빙산의 일각에 불과하다."라는 말을 자주 쓴다. 바다에 떠 있는 빙산은 극히 일부분만 겉으로 드러나 있다. 밖에서 보기에는 그것이 전부인 것 같지만 실제 빙산의 거의 대부분은 수면 밑에 가라앉아 있다. 우리의 눈에는 밖으로 드러난 것만 보이고, 속에 숨겨진 것은 마치 그것이 존재하지 않는 것처럼 보이지도 않고 알 수도 없다. 프로이트는 인간의 마음 또한 그러하다고 생각했다.

마음에 담겨있는 것 중 사람들이 이미 알고 있는 것을 '의식'이라고 하고, 존재하지만 자각하지 못하고 있는 것은 '무의식'이라고 한다. 무의식이란 사람들이 한때는 생생히 알고 있었지만 특정한 사연으로 인해 망각해버린 것을 모두 모아놓은 기억의 저장고다. 무의식이라는 기억의 저장고에 차곡차곡 쌓여있는 것은 사람들의 마음이 차라리 의식하지 않는 것이 더 낫다고 결정한 것이다 물론 이러한 결정 역시 무의식적으로 이루어진다.

의식 상태에 붙잡아두기에 너무 위협적이거나 고통스러운 경험은 대부분 무의식 상태로 잠복하게 된다. 지극히 무섭거나 극도로 창피하거나 너무나도 괴로웠던 심리적 경험은 계속해서 기억하기보다는 차라리 잊어버리는 것이 낫다. 기억에서 '없애버리는' 것이 더 낫다는 것이다. 하지만 사람들이 '없애버리고자' 했던 기억은 결코 완전히 사라지지 않는다. 그러한 기억은 무의식의 저장고 속에서 사람들의 마음의 방어가 약해지기만을 기다린다.

정신분석 이론에 따르면 인간은 무의식적인 존재다. 사람들은 자신에 관해 극히 일부분만을 깨닫고 있을 따름이며, 깨어있는 의식은 무의식의 지배를 받는다. 사람들이 겪는 심리적 문제 역시 무의식이 작용한 결과다. 무의식의 저장고에 고이 있어야 할 고통스러운 기억이 마음의 방어력이 약해진 틈을 타고 의식 상태로 올라오려 하는 과정에서 심리적 증상이 형성된다. 이런 의미에서 심리적 증상은 무의식의 활동 결과라고 할 수 있다.

정신분석은 무의식에 대한 건강한 깨달음을 추구한다. 더 이상 무의식에 지배당하지 않고 우리의 마음이 견딜 수 있는 한도 내에서 조금씩 그리고 꾸준히 무의식에 접근해나가는 것, 그것이 정신분석이다.

2) 대상관계 이론과 경계선 성격장애

경계선 성격장애에 대한 정신분석적 설명은 경계선 성격장애를 지닌 사람이 나타내는 주요 증상을 중요한 대상과의 관계에 의거해서 이해할 수 있다는 입장을 취한다. 이러한 이론적 입장을 대상관계 이론object relations theory이라고 부른다.

(1) 대상관계 이론의 기본 개념

경계선 성격장애에 대한 대상관계 이론을 이해하기 위해서는, 우선 대상, 대상관계, 대상표상 등 기본적인 개념을 이해할 필요가 있다.

대상object이란 자기를 제외한 다른 사람들을 지칭하는 정신분석적 용어로, 일반적으로 '중요한' 대상, 즉 자신과 중요한 관계를 맺는 상대방을 의미한다. 여기에는 부모, 형제, 배우자, 친구, 그 밖에 심리적으로 중요한 의미를 지니는 기타 인물이 모두 포함된다.

대상관계는 시간적 관점에서 볼 때 크게 2가지 시점을 포함한다. 하나는 중요한 대상과의 현재 관계다. 예를 들어, 어떤 사람이 현재 친구에게 지속적으로 분노와 적대감을 경험하고 적대적인 감정과 행동을 되풀이해서 표출한다면, 이 둘의 관계는 적대적인 대상관계라고 할 수 있다. 또 하나는 과거에 중요했던 대상과 맺은 관계로, 어린 시절의 부모 또는 형제와의 관계가 가장 대표적이다.

여기에서 주목해야 할 것은 현재의 대상관계가 아무런 뿌리도 없이 저절로 생겨난 것은 아니라는 점이다. 앞에서도 설명했듯이, 정신분석 이론에서는 현재의 모든 생각과 감정, 행동은 과거에 뿌리를 두고 있다는 입장을 취한다. 어떤 개인이 생의 초기에 중요한 타인과 맺었던 관계는 그 개인에게 일종의 기억흔적으로 남아있게 된다. 이러한 기억의 흔적을 정신적 표상mental representation이라고 한다. 정신적 표상은 항상 의식 상태에 있는 것은 아니고, 각 개인의 무의식에 남아 있으면서 의식적인 인간관계에 영향을 미친다.

인간관계에 대한 정신적 표상은 크게 2가지로 구분할 수 있다. 그것은 인간관계의 두 당사자, 즉 자기와 타인에 대한 정신적 표상이다. 과거의 인간관계 속에서 경험했던 자기의 역할과 기능 등에 대한 기억흔적은 자기에 대한 정신적 표상인 자기표상self representation으로 무의식화되며, 타인의 역할과 기능 등에 대한 기억 흔적은 대상에 대한 정신적 표상인 대상표상object representation으로 무의식화된다. 이렇게 볼 때 어떤 개인이 현재 맺고 있는 인간관계는 과거에 맺었던 인간관계에서 경험한 자기표상과 대상표상을 반영하는 것이라고 할 수 있다.

(2) 경계선 성격장애의 대상관계 유형

경계선 성격장애를 지닌 사람들이 현재의 중요한 대상들과 맺는 관계는 크게 3가지 유형으로 나눠볼 수 있다.

첫째, 자신을 지지해주는 대상이 있는 경우다. 이 경우에 경계선 성격장애를 지닌 사람들이 주로 나타내는 증상은 우울과 고독이다. 지지적인 대상과의 관계에서 특징적인 것은, 그 대상과 좀 더 친밀한 애착관계를 형성하기를 열망하지만 실제 관계에서는 수동적인 태도로 일관한다는 것이다. 지지적인 대상과의 관계에서 경계선 성격장애를 지닌 사람들이 경험하는 주요 감정이 우울과 고독이라는 것과 그러한 관계에서 이들이 수동적인 태도로 일관한다는 것이 얼른 납득이 가지 않을 수도 있다. 하지만 이러한 관계에서 이들이 갖는 핵심적 사고 내용을 이해하면 납득할 수 있을 것이다.

이들의 핵심적인 사고 내용은 '만일 내가 상대방에게 더 많은 것을 원하고 때로 화를 내게 된다면, 상대방은 나에게서 멀리 떠나버릴 것이다.'라는 것이다. 이러한 사고 내용에는 2가지 요소가 동시에 함축되어 있다. 하나는 보다 강력한 보호자를 찾으려는 소망이고, 다른 하나는 그러한 대상에게 뭔가를 요구하거나 심지어는 적대적 감정을 표출하게 되었을 때 초래할 상황즉, 버림받는 것에 대한 극심한 두려움이다.

다시 말하자면, 이러한 생각의 이면에는 대상에 대해 뭔가를 더 원하는 것과 그러한 소망이 초래하게 될 수도 있는 위험에 대한 공포 사이의 팽팽한 긴장이 존재한다는 것이다. 이러한 긴장으로 말미암아 경계선 성격장애를 지닌 사람들에게서 우울과 무기력이 경험된다.

둘째, 자신을 좌절시키는 대상이 존재하는 경우다. 이러한 대상과의 관계에서 주로 경험하는 것은 분노와 적대감이다. 때로 이러한 대상에 대해 노골적인 분노와 적개심을 표출하기도 하지만, 더 빈번하게는 비아냥거림과 극단적인 요구 등이 분노와 적대감의 왜곡된 형태로 표출된다. 이러한 왜곡된 표현은 대상의 상실에 대한 공포로 말미암은 것이다.

셋째, 중요한 대상이 존재하지 않거나 부족한 경우다. 이 경우 정신증적 상태나 공황 상태 또는 그러한 공황 상태를 피하기 위한 충동적인 행동 등이 나타난다. 구체적으로 발현되는 증상이 무엇이든 간에 이것은 모두 혼자 남겨지게 된 것에 대한 방어적 노력을 반영한다. 중요한 타인이 현재 존재하지 않음으로써 초래되는 고통을 피하기 위해 이들은 라디오나 텔레비전에 등장하는 가공의 인물과 공상적 관계를 맺기도 하고, 혼자 남겨진 고통을 참지 못할 경우에는 알코올이나 약물을 충동적으로 탐닉하기도 한다.

(3) 대상의 분열과 경계선 성격장애

우리는 자기와 다른 사람들에 대해 한결같은 감정을 유지할 수 없을 때가 종종 있다. 때로는 어떤 사람을 좋아하다가도 어느 순간 실망하여 미운 감정을 갖기도 한다. 그렇다고 해서 그 상대가 전적으로 좋다거나 전적으로 밉다거나 하지는 않는다. 그것은 자기 자신에 대한 태도에서도 마찬가지다. 때때로 우리는 자신이 자랑스러울 때도 있고 자신을 초라하고 수치스럽게 느낄 때도 있지만, 전반적으로는 자신에 대해 일관적인 생각과 감정을 유지해나간다.

하지만 경계선 성격장애를 지닌 사람들은 다르다. 대상관계 이론의 관점에서 볼 때 이들이 지니는 핵심적인 문제는 다름 아닌 분열의 문제다. 분열이란 자기 혹은 다른 대상의 좋은 측면과 나쁜 측면을 통합하는 데 있어서의 실패를 나타낸다. 이들이 나타내는 자기에 대한 이미지와 인간관계상의 불안정성은 대상관계를 발달시키는 과정에서 경험하는 분열의 문제 때문인 것으로 간주된다.

분열의 문제를 경계선 성격장애의 핵심 문제로 본 대표적인 정신분석 이론가로는 콜버그Kernberg와 마스터슨Masterson이 있다. 다음으로는 이 두 이론가의 이론을 중점적으로 살펴볼 것이다.

3) 경계선 성격장애에 대한 컨버그의 이론

정신분석 이론가인 컨버그(Kernberg, 1975)는 생의 초기에 유아가 부모와의 관계에서 경험한 것을 어떻게 내면화하는지가 성격 발달에 대단히 중요한 영향을 미친다고 보았다. 이렇게 볼 때 경계선 성격장애와 같은 극심한 정신병리의 원인은 유아가 생의 초기에 부모와 맺은 인간관계가 결핍되거나 왜곡되었기 때문일 수 있다.

(1) 생애 초기의 인간관계 경험의 내면화 과정

컨버그에 따르면, 유아가 생의 초기의 인간관계 경험을 내면화하는 과정은 경험의 내사introjection, 확인identi-fication 그리고 자아정체ego identity의 3가지 단계로 구분할 수 있다.

① 내사 단계

내사는 가장 초기의 내면화 과정인데, 이것은 유아의 원시적 지각과 기억으로 이루어진다. 내사란 주로 어머니를 의미하는 외적 환경과의 상호작용과 관련한 기억흔적을 말한다. 즉, 직접적이고 꾸미지 않은 인간관계의 정서적 특질을 반영하는 단순한 기억인 것이다. 이러한 기억의 주된 내용은 아동과 어머니의 상호작용의 결과로서, 아동이 자기와 어머니에 대해서 단순히 경험한 느낌, 즉 좋은 기분과 나쁜 기분을 포함한다. 이렇게 볼 때 내사란 정서에 따라 결정되는 자기와 어머니에 대한 단순한 감정적 기억이라고 할 수 있다.

내사로 형성된 이미지들은 점차 안정적인 구조를 이루게 된다. 다시 말해, 유사한 정서적 특질을 지니는 내면화된 인간관계 경험은 같은 종류끼리 통합되는 경향이 있다는 것이다.

그 결과로 긍정적인 내사는 긍정적인 내사끼리, 부정적인 내사는 부정적인 내사끼리 분리된다. 컨버그는 이것을 원시적 분열primitive splitting이라고 불렀는데, 이때의 분열은 유아가 2가지의 상반되는 정서적 경험을 통합하는 능력을 아직 발달시키기 못했기 때문에 생기는 것이다.

그러나 내사 단계에서 부모 혹은 다른 환경적 요소가 지속적이고 심각하게 아동의 욕구를 좌절시키게 되면 원시적 분열이 병리적으로 고착되어 내사 이후의 발달단계로 진행하지 못하게 되고, 그 결과로 경계선 성격장애와 같은 만성적 성격장애를 초래할 수 있다.

② 확인 단계

아동은 지각 및 기억 능력 등이 성장·발달해나감에 따라 자기에 대한 어머니의 역할과 기능을 인식할 수 있게 되는데, 이렇게 되면 아동의 내면화 과정은 확인 단계로 접어들게 된다. 이러한 변화는 생후 10개월에서 만 2세 정도까지 지속되는데, 이때 아동은 자기가 어머니와의 관계에서 어떤 기능을 하고 있는지도 인식하게 된다. 이러한 인식이 발달해가면서 아동은 이제 자기와 타인의 이미지를 서로 다른 것으로 변별하는 일을 더욱 잘 해낼 수 있게 되는 것이다.

변별 능력이 생김에 따라 확인 단계에서 대상에 대해 갖는 정서적 경험과 표상은 더욱 분화된다. 그러면서 아동은 단순히 '좋다/나쁘다' 식의 이분적인 정서 인식에서 한 걸음 나아가, 보다 세분화되고 미묘한 정서도 광범위하게 인식할 수 있게 된다. 이로 인해 이전 단계의 원시적 감정을 이분화해서 지각_{좋은 감정, 나쁜 감정}하는 원시적 분열 경향성 또한 감소하게 되어 더 복잡하고 분화된 정서적 경험을 할 수 있게 되고, 더 세분화된 자기표상 및 대상표상이 가능해진다.

요컨대, 확인 단계에서는 자기와 타인에 대한 정신적 표상이 더욱 뚜렷하게 분화되고, 각 표상 내의 정서적 요소도 더욱 다양하게 지각하는 일이 가능해지는 등 대상표상의 분화와 변별이 주로 이루어진다. 자기표상 및 대상표상의 이와 같은 분화와 변별은 다음 단계인 자아정체 단계에서 자기표상 및 대상표상의 통합이 성공적으로 이루어질 수 있게 하는 일종의 예비 과정인 셈이다.

③ 자아정체 단계

자아정체 단계에서 아동은 자기 및 타인에 대한 다양한 정신적 표상의 통합 능력을 발달시키게 된다. 이 단계를 성공적으로 지날 수 있는지 여부는 자아가 여러 가지 경험을 통합할 수 있는 능력을 획득하는지에 달려있다. 즉, 자아 능력의 발달로 인해 긍정적인 표상과 부정적인 표상이 통합하여 다양한 가치와 기능을 지닌 자기표상과 대상표상을 형성하는 것이다.

이러한 통합으로 자기의 여러 측면이 이제는 '자기'라는 표상에 통합되어 '수용될 수 있는 자기'와 '수용될 수 없는 자기'로 지각된다. 그리고 수용될 수 없는 자기는 수용될 수 있는 자기와 분열되는 대신에 자기정체를 유지하기 위해 억압된다. 따라서 자기통합이 이루어진 사람들은 보통 수용할 수 있는 자기만을 의식한다고 할 수 있다.

컨버그는 일단 자아정체가 형성되기만 하면 경계선 성격장애와 같은 심한 성격장애에 대해서는 어느 정도 면역력이 길러지는 것으로 보았다.

(2) 정신적 표상의 통합 실패와 경계선 성격장애

자기와 타인에 대한 부정적인 이미지 및 긍정적인 이미지가 제대로 통합을 이룰 수 있기 위해서는 한 가지 중요한 전제조건을 충족해야 한다. 그것은 자기의 이미지든 타인의 이미지든 긍정적인 요소가 부정적인 요소보다 더 우세해야 한다는 것이다. 긍정적인 요소의 우세 속에서 잘 통합된 자기 및 타인에 대한 정신적 표상은 스트레스나 좌절 상황에서 긍정적인 감정을 유발하는 이미지를 불러일으킬 수 있게 되고, 그것은 다시 스트레스나 좌절을 인내하는 것을 가능케 하며, 이는 다시 보다 적극적이고도 생산적인 대처와 문제해결을 가능하게 한다. 이렇게 통합된 긍정적인 이미지를 기억 속에 담아둘 수 있다는 것은 적응에 대단히 중요한 의미를 지닌다.

그러나 경계선 성격장애를 지닌 사람은 긍정적인 기억과 부정적인 기억을 적절하게 통합하지 못하고, 결국 이 둘 간의 원시적 분열이 고착되어 전혀 통합할 수 없게 되는 경우가 많다. 이로 인해 이들은 자기의 좋은 측면과 나쁜 측면이 번갈아가며 자신을 지배하게 함으로써 자기상이 매우 불안정해지게 만든다. 또한 타인에 대한 대상표상도 긍정적 측면과 부정적 측면이 분열되어, 긍정적 표상이 활성화될 때는 타인을 지극히 이상화하는 태도를 취하고, 반대로 부정적 표상이 활성화될 때는 타인에 대한 분노와 적개심을 분출하는 것이다.

이렇게 볼 때 경계선 성격장애에 대한 컨버그의 설명의 핵심은 생의 초기에 아동이 어머니와의 관계에서 일관되게 긍정적인 감정을 경험하지 못한 데서 경계선 성격장애가 발생한다는 것으로 귀결된다. 그 결과로 자기 및 대상에 대해 나쁜 이미지만 형성하게 되거나 좋은 이미지와 나쁜 이미지가 분열되어 적절한 통합을 이루지 못하게 되며, 이는 경계선 성격장애를 지닌 사람들이 나타내는 여러 가지 다양한 심리 증상에 핵심적인 기능을 하는 것으로 간주된다.

4) 경계선 성격장애에 대한 마스터슨의 이론

마스터슨(Masterson, 1989)은 정상적인 자기self가 어떠한 과정을 거쳐 발달하는지에 관심이 있었다. 마스터슨에 따르면, 정상적인 발달을 거쳐 자기와 타인에 대해 일정한 이미지를 성취할 수 있게 되면 그 이후의 인간관계는 보다 안정적으로 지속될 수 있다. 하지만 생의 초기에 아동과의 관계에서 어머니가 아동에게 정서적 지원과 보살핌을 충분히 제공하지 못하면 경계선 성격장애를 비롯한 여러 가지 심각한 성격장애가 발생할 수 있다.

〈말러의 심리적 발달단계〉

경계선 성격장애에 대한 마스터슨의 이론을 이해하기 위해서는 우선 말러(Mahler, 1952)의 이론을 이해할 필요가 있다.

말러는 아동이 부모와 맺는 관계의 성질을 기준으로 인간의 심리적 발달단계를 자폐적autistic 단계, 공생적symbio-tic 단계, 그리고 분리개별화separation-individuation 단계의 세 단계로 구분해서 설명했다.

① 자폐적 단계

이 단계에 있는 아동은 어머니를 의식하지 못하며, 오로지 생리적 긴장, 즉 생래적 반사에 의해서만 행동한다. 배고픔을 줄이기 위해 어머니의 젖을 찾는 것이 한 가지 예다. 이 단계의 목표는 생리적 평형을 유지하는 것이다.

② 공생적 단계

이 단계에 접어들게 되면 유아는 자신의 욕구를 만족시켜 주는 다른 특정 대상이 존재한다는 것을 희미하게나마 인식할 수 있게 된다. 즉, 자신의 배고픔을 해결해주는 대상으로서의 어머니에 대한 인식이 어느 정도 가능해지는 것이다.

하지만 이 단계에서도 역시 어머니라는 외적인 대상은 아동 자신과 완전히 분리된 채로 지각되는 것이 아니라, 마치 어머니가 자기의 한 부분인 것처럼 지각된다. 이런 의미에서 아동과 어머니는 아직 서로 미분화된 존재이며, 이 둘 간의 관계는 공생적 관계라고 볼 수 있다. 이러한 공생적 관계는 아동에

게 기본적인 만족감을 제공하고, 이는 자기신뢰와 자기존중
감의 발달에 밑거름으로 작용한다.

③ 분리개별화 단계

이 단계는 생후 5~6개월에 시작해서 2세 반 또는 3세경까
지 지속된다. 이 단계에서 아동이 이루어야 할 핵심적인 발달
과업은 어머니와 분리된 독립된 개체로서 성장해야 한다는 것
이다. 즉, 어머니와의 공생적 관계에서 벗어나 자율적이고 독
립적인 개체로 거듭나야 한다는 것이다. 이는 신체적 탄생에
이은 제2의 탄생, 즉 심리적 탄생에 비유될 만큼 중요하다.

이러한 분리와 개별화는 유아가 이전의 공생적 관계에서
얻은 만족감, 스스로 움직일 수 있는 신체 운동 능력의 발달,
지각 및 기억 능력의 발달 등의 함수로 이루어진다. 이 단계에
서 아동은 스스로 몸을 움직여 이곳저곳을 돌아다니면서 탐색
행동을 하는 등 어머니와 분리되어 독자적인 행동반경을 넓혀
나가게 된다.

그러나 이러한 분리 및 개별화 과정이 항상 순조롭게 진행
되는 것은 아니다. 이 시기에는 독자적인 탐색행동과 더불어
분리불안과 낯선 사람에 대한 불안이 나타난다. 아직 혼자 힘
으로는 완전히 독립할 수 없기 때문에 어머니에게서 완전히
분리되는 것에 대한 불안과 공포가 존재하는 것이다. 독립의

추구와 어머니와의 분리에서 경험하는 불안은 아동에게 강한 갈등을 불러일으킨다. 즉, 어머니에게서 떨어지고 싶은 욕구와 그러한 욕구 때문에 필연적으로 경험하는 분리불안은 오히려 어머니가 제공하는 안전과 지지를 더욱더 필요로 하게 만든다는 것이다.

이러한 갈등 상황에 놓여있는 아동에게 어머니가 어떠한 태도와 행동을 보이는가 하는 것은 아동의 심리적 발달에 매우 중요하다. 어머니로서는 아동이 가지고 있는 독립에의 욕구와 그와 상반되는 어머니에 대한 의존욕구 모두를 적절히 만족시켜주는 것이 필요하다. 하지만 이와는 상반되게 어머니가 아이의 의존욕구와 독립욕구를 동시에 제대로 만족시켜주지 못하면 아동은 위기에 직면하게 되는데, 이를 말러는 재접근 위기reapproachment crisis라고 불렀다.

④ 재접근 위기와 경계선 성격장애

마스터슨은 경계선 성격장애의 발달적 기원은 말러가 말한 재접근 위기 동안의 어머니와 아동 사이의 불안정한 관계에 있다고 보았다. 이 시기에 어머니가 아동의 분리적 · 독립적 욕구를 제대로 인식하거나 허용해주지 않는다면 아동은 어머니에 대해 더욱 불안해하고 자신의 독립적 행동을 자율적으로 추구할 수 없게 된다.

다시 말하면, 독립적인 탐색행동의 출현과 어머니에게서 분리되는 것에 대한 불안이 공존하는 이 시기에 아동이 어머니에게 충분한 애정적 지원을 받지 못하면 아동은 심각한 딜레마에 빠지게 된다는 것이다. 아동에게 있어서 어머니와 떨어진다는 것은 어머니를 잃는 것으로, 어머니와 함께 있는 것을 자기가 없어지는 것으로 간주하는 것이다.

경계선 성격장애를 지닌 사람들이 나타내는 다양한 심리 증상의 이면에는 타인에게서 버림받는 것에 대한 공포가 깔렸다고 볼 수 있다. 마스터슨에 따르면, 이러한 공포는 어머니가 독립과 분리를 추구하는 아동에게 적절한 애정적 지원을 제공하지 못함으로써 초래되는 것이다. 이러한 공포에 대처하기 위해 아동은 어머니에게 더욱더 의존하고 밀착하게 되는데, 이로 인해 독립적이고 개별화된 자기의 발달 실패를 초래할 수 있다.

마스터슨에 따르면, 경계선 성격장애를 지닌 사람들이 인간관계에서 경험하는 극단적인 정서, 즉 타인에게서 버림받는 것에 대한 공포와 타인에게 함몰되어 휘둘림을 당하는 것에 대한 공포는 분리개별화 단계에서 아동이 경험하는 위기즉, 재접근 위기와 일맥상통한다. 그것은 다름 아닌 대상 상실에 대한 공포와 자기 상실에 대한 공포다. ◆

4. 인지행동 이론

인지행동 이론은 하나의 단일한 이론이라기보다는 인간에 대한 기본 관점과 심리적 문제의 발생 및 치유 과정에 대한 주요 원리를 공유하는 개별적인 이론의 집합체라고 할 수 있다. 따라서 인지행동 이론 속에는 여러 가지 개별 이론이 있으며, 이 이론들은 구체적인 원리나 개념에 있어서 차이가 난다. 이 절에서는 인지행동 이론 중 경계선 성격장애에 대해 구체적으로 설명하고 있는 2가지 이론을 중점적으로 살펴볼 것이다.

1) 경계선 성격장애에 대한 벡의 이론

벡A. T. Beck이 창시한 인지치료 이론은 인지행동적 이론 중에서도 가장 널리 알려지고 보편화된 이론 중 하나다. 원래 벡의 인지치료 이론은 우울증을 설명하고 치료하는 이론으로

출발하였으나, 점차 불안과 공포증 등을 포함한 정서적 문제 전반과 경계선 성격장애를 비롯한 성격적 문제를 이해하고 치료하는 이론으로 확장되었다.

(1) 벡의 인지치료 이론의 핵심 개념

이해를 돕기 위해 벡의 인지치료 이론의 핵심 개념을 먼저 소개하고, 이 이론이 경계선 성격장애를 어떻게 설명하는지 살펴보겠다.

① 자동적 사고

사람들은 대개 특정한 사건을 접하면 자동적으로 특정한 생각을 떠올리는데, 이를 자동적 사고automatic thoughts라고 한다. 이러한 자동적 사고는 그야말로 자동적으로 떠오르는 생각이기 때문에 웬만큼 주의를 기울이지 않고는 그러한 생각을 했다는 것조차 의식하지 못하는 경우가 대부분이다. 벡에 따르면, 사람들이 경험하는 여러 가지 환경적 자극과 심리적 문제 사이에는 자동적 사고라는 인지적 요소가 개입되어있다.

여기에서 문제가 되는 것은 환경적 자극으로부터 어떤 내용의 자동적 사고를 떠올리는가다. 만일 그 내용이 부정적이라면 심리적 문제는 피할 수 없다. 반대로 동일한 사건에 대해 긍정적이거나 최소한 중립적인 내용의 생각을 떠올린다면 심리적 혼란과 문제는 경험하지 않는다.

예를 들어, 오랫동안 사랑하던 여인과 헤어져 깊은 상실감에 젖어있는 청년의 경우 슬픔, 무기력감, 절망감, 식욕부진, 불면 등의 우울 증상을 경험할 수 있다. 언뜻 보기에 사랑하던 여인과의 이별이 이 청년의 우울 증상을 초래한 것처럼 보이지만 사실은 그렇지 않다. 이 청년의 우울 증상에 더 직접적으로 관련되는 것은 그 여인이 헤어지자는 말을 했을 때 이 청년의 머릿속에 자동적으로 떠오른 생각이다. 그 생각이 '당신 없는 내 인생은 의미가 없다.' 라는 내용이었다면 그것은 청년의 우울을 설명하기에 충분하다. 반대로 '그녀와는 인연이 아닌가 봐.' 내지는 '아픈 만큼 성숙해지겠지.' 등과 같은 내용의 생각이 떠올랐다면 최소한 우울 증상은 피할 수 있는 것이다.

이는 경계선 성격장애의 경우에도 마찬가지일 수 있다. 경계선 성격장애를 지닌 사람들이 여러 가지 부정적인 생활사건을 접했을 때 떠올리는 자동적인 사고는 그러한 사고를 떠올리는 한 경계선 성격장애의 증상을 불가피하게 초래하는 성질의 것인지도 모른다. 따라서 경계선 성격장애를 이해하기 위해서는 이러한 장애를 가지고 있는 사람들이 여러 가지 생활사건에 접해서 어떤 생각을 자동적으로 떠올리는지 이해할 필요가 있다.

② 인지도식

그렇다면 이러한 자동적 사고는 어떻게 생겨나는 것인가? 사람들은 살아가면서 자기 나름대로 자기와 세상을 이해하는 틀을 발달시킨다. 세상은 어떤 곳인지, 자기는 어떤 사람인지, 인생은 어떠한 의미가 있는지, 그리고 다른 사람들과 어떠한 관계를 유지해야 하는지 등에 관한 지식을 차곡차곡 쌓아가는 것이다. 이러한 지식이 아주 어린 시절부터 시작해서 삶을 살아가는 과정에서 하나의 체계화된 덩어리를 이루게 될 때 그것을 인지도식cognitive schema이라고 부른다. 오랜 시간을 투자해서 컴퓨터의 작동 원리에 대한 지식을 체계화했을 때 그것을 컴퓨터에 관한 인지도식이라고 부를 수 있듯이, 세상을 살아가는 과정에서 삶에 관한 이해의 틀을 형성한 것이 바로 삶의 인지도식인 것이다.

인지도식의 내용은 사람에 따라 달라질 수 있다. 사람들이 살아온 삶의 과정과 그 과정 속에서 경험한 내용이 서로 다르기 때문이다. 이렇게 볼 때 어떤 개인이 가진 인지도식은 그가 살아온 삶을 응축해서 보여준다고 할 수 있다. 즉, 한 개인의 삶은 바로 인지도식 속에 반영되어있는 것이다.

여기서 문제가 되는 것은, 개인의 인지도식의 내용이 부정적인 경우다. 이러한 인지도식을 역기능적 인지도식dysfunctional cognitive schema이라고 부르는데, 이는 심리적 문제를 초래하는 근원적인 역할을 한다. 즉, 살아가는 과정에서 인지도식을 부정적인 내용으로 구성할 경우 심리적인 문제에 매우 취약하게 되기 쉽다는 것이다. 심리적 문제를 초래하기 쉬운 역기능적 인지도식의 내용은 다음과 같다.

- 사람은 멋지게 생기고 똑똑하며 돈이 많지 않으면 행복해지기 어렵다.
- 다른 사람의 사랑 없이 나는 행복해질 수 없다.
- 다른 사람에게 도움을 요청하는 것은 나약함의 표시다.
- 절반의 실패는 전부 실패한 것이나 다름없다.
- 인정을 받으려면 항상 일을 잘해야만 한다.
- 한 인간으로서의 나의 가치는 나에 대한 다른 사람의 평가에 달려있다.
- 사람들은 언제 나에게 등을 돌릴지 모르기 때문에 믿을 수 없다.

부정적인 내용의 자동적 사고를 활성화시키는 것은 바로 이러한 역기능적 인지도식의 내용이다. 즉, 역기능적 인지도식을 가지고 있는 사람은 일상생활에서 스트레스 사건을 경험하게 될 때 부정적인 내용의 자동적 사고를 자기도 모르게 떠올리게 되며, 그 결과로 심리적 문제가 발생한다는 것이다.

③ 인지적 오류

역기능적 인지도식은 부정적인 내용의 자동적 사고를 발생시키는 역할에서 그치는 것이 아니라 인지적 오류cognitive errors를 발생시키는 역할도 한다. 인지적 오류란 현실을 제대로 지각하지 못하거나 사실 또는 그 의미를 왜곡하여 받아들이는 것을 뜻한다. 이해를 돕기 위하여 한 가지 예를 들어보기로 하자.

어떤 사람이 길을 가다가 갑자기 쾅 하는 소리를 들었다고 치자. 그런데 그 소리에 대해 '누군가가 나를 향해 총을 쐈다.' 라고 생각해버린다면 그것은 지나친 생각이다. 그 사람이 테러의 대상이 되는 요주의 인물이 아닌 이상 누군가가 그를 향해 총을 쏜다는 것은 별로 신빙성이 없는 비현실적인 생각이다. 만약 '뭔지 모르지만 커다란 물건이 땅에 떨어졌구나.' 라는 생각을 했다면 다른 사람들도 쉽게 수긍할 수 있을 것이다. 그것은 현실적으로 발생할 확률이 높은 사건이기 때문이다.

어떤 사람은 현실과 그 현실에 대한 자신의 지각또는 생각을 동일하게 취급하는 경향이 있다. 즉, 사실과 사실에 대한 자신의 주관적 해석을 혼동하는 경우가 있다는 것이다. 예를 들어, 길을 가다가 마주 오는 사람과 우연히 어깨가 부딪쳤을 때 '저 사람이 아예 나를 넘어뜨리려고 작정을 했구나.' 라고 생각해버리는 것은 사실 자체와 사실에 대한 해석이 혼동된 경우라고 볼 수 있다. '상대방이 나에게 해를 입히려 했다.' 라는 것은 어디까지나 사건에 대한 자신의 주관적 해석일뿐 사실 자체는 아니다. 현명한 사람이라면 상대방에게 버럭 화를 내기 전에 상대방이 어깨를 부딪치게 된 다른 타당한 이유즉, 길이 너무 좁아 상대방과 어깨가 닿지 않고는 길을 빠져나갈 수 없었다든지가 없는지를 먼저 살펴볼 것이다. 다시 말해, 주관적인 판단을 보류하고 사실을 객관적으로 확인 · 검증하는 절차를 거친다는 것이다.

특정한 사건에 접해서 그 사건의 실제적 의미를 확인하지도 않고 성급하게 결론에 도달하는 것은 현실과 동떨어진 결론을 내리게 될 가능성이 매우 크다. 왜냐하면 사건에 접했을 때 드는 생각은 사실로 확인되기 전까지는 어디까지나 잠정적인 추측일 뿐이지 사실 자체는 아니기 때문이다. 벡의 인지치료 이론에서는 개인의 임의적인 추측을 사실과 혼동하는 것이 일종의 오류이며, 사람들이 이러한 오류를 많이 범할수록 심리적 문제를 겪게 될 가능성이 더 커진다고 본다.

그렇다면 사람들이 이러한 인지적 오류를 범하는 이유는 무엇인가? 인지적 오류는 역기능적 인지도식과 어떤 관련이 있는가? 우리나라 속담에 "○ 눈에는 ○밖에 안 보인다."라는 말이 있듯이, 굶주린 사람의 눈에는 먹을 것밖에 안 보이고 목마른 사람의 눈에는 모든 것이 마실 것으로만 보일 것이다.

조금 시각을 달리해서, 어떤 사람이 어릴 때부터 다른 사람들에게 거부당한 경험이 여러 번 있었고, 그로 인해 마음의 상처를 안게 되었다고 생각해보자. 아마도 그 사람은 지금 교제하고 있는 이성이 자신을 거부하지는 않을까 노심초사하고 상대방의 일거수일투족을 예의주시하면서 '거부의 단서'를 찾는 데 온 신경을 다 쓸 것이다. 이런 상황에서 상대방이 실제로는 차가 막혀서 약속 시간에 늦게 도착했는데도 '저 사람이 드디어 나에게 싫증이 났구나.'라고 결론을 내리는 것은 쓰라린 거부의 경험으로 점철된 과거를 지닌 당사자로서는 어쩌면 피할 수 없는 당연한 것인지도 모른다.

이 예에서 '상대방에게 거부당했다.'라는 결론이 나오게 된 이유는 무엇인가? 쉽게 추측할 수 있듯이, 그것은 과거의 경험을 통해 차곡차곡 쌓아온 인지도식 때문이다. 즉, 거부의 경험을 갖고 있는 사람은 넓게는 인간관계 전반에 대해, 좁게는 친밀한 인간관계에 대해 거부와 관련된 인지도식'사람들은 언젠가는 나를 버릴 것이다.' '사람들은 믿을 수 없다.'을 지니게 된다는 것이다. 이러한 인지도식을 밑바탕에 깔고 있는 사람들은 한편으로는 일상생활에서 경험하는 여러 사건의 의미를 왜곡해서 지각하게 될 가능성이 높고, 다른 한편으로는 특정한 사건에 접해서 부정적인 내용의 자동적 사고를 떠올리게 될 여지가 매우 크다. 그 결과는 두말할 필요도 없이 심리적 문제의 경험이다.

인지적 오류에는 이분법적 사고, 과잉일반화, 선택적 추상화 등이 있다. 이분법적 사고dichotomous thinking는 사건의 의미를 이분법적인 범주의 2가지 중 하나로 해석하는 오류다. 어떤 일의 성과를 성공/실패의 이분법적 사고로 평가하거나, 타인이 자신을 사랑하는지 미워하는지의 둘 중의 하나로만 생각할 뿐 중간지대를 인정하지 않는 경우가 그 예다.

과잉일반화overgeneralization는 한두 번의 사건에 근거하여 일반적인 결론을 내리고, 무관한 상황에도 그 결론을 적용하는 오류를 말한다. 가령, 한두 번의 실연으로 '항상' '누구에게나' 실연당할 것이라고 생각하는 것이다.

선택적 추상화selective abstraction는 상황이나 사건의 주된 내용은 무시하고 특정한 일부의 정보에만 주의를 기울여 전체의 의미를 해석하는 오류를 말하는데, 많은 사람이 긍정적인 반응을 했는데도 한두 명이 보인 부정적인 반응에만 선택적으로 주의를 기울여 실패했다고 단정 짓는 것이 그 예다.

(2) 경계선 성격장애의 인지도식

벡의 인지치료 이론에 따르면, 사람들이 겪는 모든 심리적 문제의 이면에는 부정적인 내용의 자동적 사고가 개입되어 있으며, 그러한 자동적 사고는 사람들이 삶의 과정에서 체계화시켜온 역기능적 인지도식 때문에 초래된다. 이렇게 볼 때 부정적인 자동적 사고는 사람들이 겪는 심리적 문제의 근접 원인이라고 볼 수 있으며, 역기능적 인지도식은 보다 근원적이고 원격적인 원인이라고 볼 수 있다.

또한 사람들이 지니는 역기능적 인지도식은 불가피하게 인지적 오류를 초래하는데, 이러한 인지적 오류는 심리 문제의 발생에 큰 역할을 한다. 심리 문제에 관한 벡의 이러한 설명은 경계선 성격장애에도 그대로 적용될 수 있다.

벡의 인지치료 이론에 따르면, 경계선 성격장애를 지닌 사람들의 인지도식에서 문제가 되는 내용은 다음과 같다(Beck & Freeman, 1990).

- 세상은 위험하며, 악의에 가득 차 있다.
- 나는 힘없고 상처받기 쉽다.
- 나는 원래부터 환영받지 못하는 존재다.

이 3가지의 인지도식 내용 중 첫 번째는 세상에 대한 기본적인 시각을 반영하고, 두 번째는 자기 자신에 대한 시각을 반영하며, 마지막은 인간관계에서 자신이 어떠한 취급을 받을 것인지에 대한 생각을 반영한다.

힘없고 무기력한 자신이 악의에 가득 찬 위험한 세상에 놓

여있게 되었다는 생각을 지닌 사람은 극심하고 광범위한 공포
에 시달릴 수밖에 없다. 이러한 기본적 공포를 가진 사람에게
는 일상생활에서 편안하게 이완하며 산다는 것이 거의 불가능
에 가깝다. 이들은 가능한 한 자신의 약점을 노출시키지 않고
항상 주위 사람들을 경계하면서 사는 것을 피할 수 없게 된다.
이러한 생활 태도는 만성적인 긴장과 불안, 위험신호에 대한
과민감성 등을 초래한다.

편집성 성격장애를 지닌 사람들의 경우처럼 세상은 위험하
고 악의에 가득 차 있다는 시각을 가진 사람들은 자신의 능력
과 힘에 더욱 의존함으로써 삶의 과정에서 겪게 되는 위협에
대처해나가기도 한다. 하지만 스스로를 힘없고 약한 존재로
생각하는 경계선 성격장애를 지닌 사람들의 경우에는 이렇게
대처하기가 불가능하다.

또한 의존성 성격장애를 지닌 사람들의 경우처럼 일상적인
삶의 요구를 잘 다루어나갈 수 없다고 여기는 사람들은 자신
을 돌봐 줄 능력을 가지고 있다고 간주되는 다른 사람들에게
의존함으로써 이러한 삶의 딜레마를 해결해나가기도 한다.
하지만 자신은 원래부터 다른 사람들에게 수용될 수 없다는
생각을 가진 경계선 성격장애 환자들은 이러한 해결책조차 시
도할 수가 없다. 왜냐하면 다른 사람들에게 자칫 잘못 의존할
경우 그들에게 거부와 버림을 받을지도 모르기 때문이다.

4. 인지행동 이론 ✳ 119

결국 경계선 성격장애를 지닌 사람들이 겪는 심각한 딜레마는 자신이 스스로의 안전을 지켜줄 아무런 장치도 지니지 못한 채 적대적인 세상에 무기력한 상태로 내던져졌다는 것이다. 이로 인해 그들은 자율과 의존의 양극단을 오가며 방황할 수밖에 없고, 이 둘 중의 어느 하나에 마음껏 정착할 수도 없는 것이다.

(3) 경계선 성격장애의 인지적 오류

벡에 따르면, 경계선 성격장애를 지닌 사람들에게서는 다양한 인지적 왜곡 또한 발견할 수 있는데, 이 중 가장 대표적인 것이 이분법적 사고다. 앞서 설명한 것과 같이 이분법적 사고는 삶의 과정에서 경험하게 되는 것들을 상호배타적인 이분적 범주_{주예: 좋은 것과 나쁜 것, 성공과 실패, 가치 있는 것과 무가치한 것 등로 판단}하고 평가하는 경향성을 말한다. 이른바 중간지대가 없는 것이다. 이러한 흑백논리 사고는 불가피하게 삶의 과정에서 경험하는 것들에 극단적인 평가를 내리도록 만든다.

사건이나 경험에 대한 이러한 극단적인 평가는 극단적인 정서 반응을 초래할 수밖에 없고, 이러한 극단적인 정서 반응은 다시 극단적인 행동을 낳을 수밖에 없다. 또한 삶의 경험에 대한 이와 같은 이분법적 시각은 한 극단에서 다른 극단으로의 이동이 보다 쉽게 일어나게 만든다. 결국 이분법적 사고 때문에 초래되는 이러한 일련의 파생적 결과는 경계선 성격장애에서 나타나는 급격한 정서 및 행동상의 변화를 상당 부분 설명하고도 남는다.

이러한 이분법적 사고는 경계선 성격장애의 인지도식에서 나타나는 역기능적 신념과 결합할 경우 훨씬 더 큰 문제를 초래한다. 경계선 성격장애를 지닌 사람들이 스스로에 대해 가지고 있는 극단적인 이분법적 시각예: '결함투성이인 나는 사람들에게 거부당할 수밖에 없다.'는 생각은 자신의 이러한 결함을 다른 사람들에게 숨기지 않는 한 수용받을 수 없다는 결론을 내리도록 만드는데, 불행하게도 이러한 결론은 이들이 친밀한 관계를 오히려 두려워하고 회피하도록 만든다. 이는 이들이 친밀한 인간관계 속에서는 자신의 약점과 단점이 드러날 가능성이 크고, 그렇게 되면 십중팔구 거부당하거나 버림받게 될 것이라고 믿기 때문이다. 이러한 이분법적 사고는 또 다른 문제를 발생하게 만들기도 한다. 그것은 친밀한 관계에 대한 욕구의 좌절 때문에 경험하는 강렬한 분노다.

2) 경계선 성격장애에 대한 영의 이론

도식중심 인지치료schema-focused cognitive therapy라는 인지치료 이론을 제시한 영(Young, 1983, 1987, 1994)은 심리 문제의

핵심적 원인으로서 인지도식의 중요성을 강조하였다. 특히 그는 생의 초기에 형성된 부적응적 인지도식이는 '초기 부적응 도식'이라 불린다이 부적응적 행동 패턴을 초래하며, 이는 다시 부적응적 도식을 강화하는 역할을 하게 만든다고 보았다.

영은 여러 유형의 성격장애마다 특징적으로 나타나는 18개의 초기 부적응 도식을 제시한 바 있다(다음 표 참조).

◆ **경계선 성격장애와 관련된 초기 부적응 도식**

도식 유형	도식 내용
유기/상실	나는 영원히 혼자다. 나를 위해 존재하는 사람은 아무도 없다.
거부	만일 사람들이 나의 진정한 모습을 알게 된다면 아무도 나를 사랑하거나 가까이하려 하지 않을 것이다.
의존	나는 혼자 힘으로는 세상을 살아갈 수 없다. 나는 의지할만한 누군가가 필요하다.
예속/개별화의 결여	나는 다른 사람들에게 나 자신을 맞출 수밖에 없다. 그렇게 하지 않으면 사람들은 나를 버리거나 공격할 것이다.
불신	사람들은 나를 공격하고 이용하며, 나에게 상처를 입힐 것이다. 따라서 나는 스스로를 보호해야만 한다.
통제감 상실에 대한 공포	나는 나 자신의 감정을 통제해야만 한다. 그렇지 않으면 끔찍한 일이 발생할지도 모른다.
죄책감/처벌	나는 나쁜 사람이다. 따라서 나는 벌받아 마땅하다.
정서적 결핍	나의 욕구를 충족시켜주고 나를 돌봐주는 사람은 아무도 없다.

영에 따르면, 경계선 성격장애를 지닌 사람들이 보유하고 있는 이러한 초기 부적응 도식은 삶의 과정에서 이 도식 내용과 관련이 있는 사건을 경험할 때 활성화되며, 이는 다시 사고에 있어서의 왜곡과 강렬한 정서적 반응, 그리고 행동적 문제를 초래하게 만든다. 여러 가지 초기 부적응 도식의 내용에서 볼 수 있듯이, 이러한 도식의 활성화는 경계선 성격장애를 지닌 사람들이 경험하는 다양한 증상을 잘 설명할 수 있을 것으로 보인다.

하지만 영은 이러한 도식이 어떤 경로로 발달하며, 이러한 도식이 어떻게 경계선 성격장애를 초래하는지에 대한 자세한 설명은 제시하지 않았다. ◆

경계선 성격장애를
어떻게 치료할 것인가

3

1. 지지적 치료와 재구성적 치료

경계선 성격장애에 대한 가장 일반적인 치료적 접근은 개인 심리치료다. 개인 심리치료란 치료자가 문제를 가진 내담자를 일대일로 만나서 대화를 통해 문제를 해결해나가는 것을 말한다.

한때 심리치료 전문가들 사이에서는 치료하기 가장 어려운 심리장애 중 하나가 경계선 성격장애라는 인식이 있었다. 성공적인 심리치료를 위해서는 치료자와 내담자 사이에 굳건한 치료적 협력관계를 확립해야 하는데, 경계선 성격장애의 가장 큰 문제 중 하나가 바로 관계 형성 및 유지에 있어서의 어려움이기 때문이다. 하지만 최근에는 경계선 성격장애에 대한 이해가 깊어지고 새로운 치료 기법이 개발되는 등 중요한 진전이 이루어졌다.

1) 심리치료의 유형

심리치료는 일반적으로 지지적 치료supportive therapy와 재구성적 치료reconstructive therapy로 구분한다. 물론 이러한 구분이 항상 옳은 것은 아니고, 이러한 구분으로 포괄할 수 없는 심리치료 이론 및 방법도 있다. 하지만 다양한 심리치료 접근을 지지적 치료와 재구성적 치료이는 통찰지향적 치료라고 부르기도 한다로 나누어봄으로써 각각의 치료적 접근이 경계선 성격장애의 치료에 어떻게 적용되는지를 살펴보는 것도 의미가 있을 것이다.

(1) 지지적 치료

지지적 치료란 내담자가 호소하는 증상을 가능한 한 빨리 경감시킴으로써 내담자가 정서적 균형을 회복하고 현실 생활에 적절히 적용할 수 있도록 돕는 것을 우선적인 목표로 삼는 심리치료 방법이다. 이를 위해 지지적 치료에서는 내담자가 보유하고 있는 기존의 방어를 강화해주고, 내담자에게 스트레스로 작용하는 환경적 요인을 제거하거나 감소시키는 것에 초점을 맞춘다. 하지만 내담자의 성격 자체를 근본적으로 변화시키려는 노력은 하지 않는다.

지지적 심리치료는 경계선 성격장애를 지닌 사람들의 정

서 상태가 극히 혼란스럽거나, 자살 혹은 자해에 대한 위험이 매우 높거나, 그들이 인간관계에서 극심한 갈등을 겪는 등의 위기 상태에 처해있을 경우 우선적으로 고려될 수 있다. 또한 경계선 성격장애를 지닌 내담자가 집중적인 치료작업이 가능할 정도의 충분한 치료적 협력관계를 형성하기어려운 상태에 있을 때도 지지적 치료를 우선적으로 선택할수 있다. 따라서 지지적 치료에서는 경계선 성격장애를 지닌 내담자가 주로 호소하는 매우 현실적이고도 실제적인 문제를 집중적으로 다루게 된다.

(2) 재구성적 치료

재구성적 치료의 일반적인 목표는 내담자의 성격을 근본적으로 재구성함으로써 당면한 심리적 문제의 해결과 현실에의원만한 적응을 돕는 것은 물론, 내담자가 자신에게 내재한 잠재력과 가능성을 발휘하여 궁극적으로 인간적 발달과 성숙을이루게 하는 것이다. 이러한 목표가 제대로 달성되기만 한다면 내담자는 표면적인 변화만이 아니라 근본적인 변화까지 이룰 수 있다. 이런 점에서 재구성적 치료를 뿌리치료root therapy라고 부르기도 한다.

하지만 재구성적 치료가 모든 내담자에게 다 적용될 수 있는 것은 아니다. 특히 경계선 성격장애의 경우에는 재구성적 치료가 적합한지에 대한 면밀한 평가가 먼저 이루어지지 않으면 큰 부작용이 초래될 수도 있다. 재구성적 치료를 할 때 고려할 사항은 다음과 같다.

① 치료자의 경험과 능력

경계선 성격장애에 재구성적 치료가 적합한지를 평가할 때 가장 먼저 고려해야 할 사항은 치료자의 경험과 능력이다. 치료자가 적절한 치료적 능력과 경험을 제대로 갖추고 있지 못하다면 경계선 성격장애에 대한 재구성적 치료는 큰 난관에 봉착하거나 내담자와 치료자 모두에게 큰 심리적 상처를 입힐 수 있다. 따라서 경계선 성격장애를 지닌 사람들을 치료해본 경험이 아예 없거나 그런 경험이 적은 치료자라면 이들에 대한 재구성적 치료를 시도하지 않는 것이 오히려 더 낫다.

② 내담자의 동기

경계선 성격장애에 대한 재구성적 심리치료는 대개 몇 년씩 걸리는 장기적인 심리치료가 될 가능성이 크다. 실제로 어떤 치료자는 경계선 성격장애의 치료에 최소 4년 이상, 보통 6~10년 정도의 기간이 필요하다고 주장하기도 한다. 이렇게 장기간의 심리치료를 행할 때 치료에 대한 내담자의 강한 동기는 필수적이다. 따라서 내담자가 자신의 심리적 문제를 해결하려는 열망이 얼마나 강한지, 그리고 자신의 문제를 해결하는 과정에서 경험하는 고통을 얼마나 참아낼 수 있는지 등에 대한 세밀한 검토와 평가가 먼저 이루어져야 한다.

③ 내담자의 심리적 자원

경계선 성격장애의 재구성적 치료에 있어서 또 다른 고려 사항은 내담자의 심리적 자원이다. 내담자가 충분한 심리적 자원을 갖추고 있지 않는데도 재구성적 심리치료를 적용한다면 치료 자체가 제대로 진행되지 않거나, 최악의 경우 내담자의 문제가 더 악화되는 일이 발생하기도 한다.

경계선 성격장애에 재구성적 심리치료를 적용할 경우 내담자에게 요구되는 최소한의 심리적 자원이나 역량으로는, 우선 내담자가 치료자와 치료적 작업관계를 맺을 수 있는 최소한의 능력을 들 수 있다. 경계선 성격장애에 대한 재구성적 심리치료에서 치료자는 내담자와 건설적인 치료적 관계를 형성하는 데 상당한 노력과 시간을 투여하는데, 경우에 따라서는 이렇게 시간과 노력을 투여함에도 치료적 관계 형성에 실패하는 내담자가 있다. 따라서 치료자는 치료자의 개입을 내담자가 얼마나 받아들일 수 있는지, 치료적 변화를 이루려는 치료자의 노력에 내담자가 얼마나 협조할 수 있는지, 그리고 치료의 진행 과정에서 경험되는 고통과 좌절을 내담자가 얼마나 인내할 수 있는지 등에 대한 평가를 먼저 해야 한다.

또 다른 고려 사항으로 내담자의 자아 기능ego fun-ctions이 얼마나 온전한지를 들 수 있다. 자아 기능에는 여러 가지가 있는데, 우선 현실검증 능력을 들 수 있다. 현실검증reality-testing이란 자신의 마음 안에서 일어나는 상상이나 환상, 생각 등을 자신의 마음 밖에서 발생하는 자극이나 사건과 구별하는 것을 말한다. 내담자가 부인denial이나 투사pro-jection 등과 같은 방어기제를 많이 사용할수록 현실에 대한 왜곡은 그만큼 더 심해지고, 따라서 현실검증 기능은 약해진다고 볼 수 있다. 현실검증 능력이 심각하게 손상된 내담자에게는 재구성적 치료보다는 지지적 치료가 더 적합하다.

또 다른 자아 기능으로는 판단 능력을 들 수 있다. 이것은 자신의 행동이 어떤 결과를 가져올 것인지 미리 예상할 수 있는 능력이며, 원인과 결과를 논리적으로 헤아리고 종합적으로 결론을 내릴 수 있는 기능을 말한다. 경계선 성격장애를 지닌 내담자가 최소한의 판단 능력을 가지고 있지 못하다면 재구성적 치료를 적용하는 것은 부적절하다.

2) 지지적 치료와 재구성적 치료의 절충

지지적 치료와 재구성적 치료는 저마다 장단점을 지니고 있다. 또한 이 2가지 형태의 치료는 상호 배타적이라기보다는 보완적인 관계에 있다고 보는 것이 더 적절할 것이다. 예를 들어, 치료의 초반기에는 대개 지지적 형태의 치료를 하다가 점차 재구성적 치료로 발전시켜나가는 것이 효율적인 경우가 많다.

지지적 치료는 경계선 성격장애에 기저를 두고 있는 역기능적인 성격 문제를 근원부터 변화시키지는 않기 때문에 대개 성격 문제에 대한 집중 탐색과 변화가 이루어지기 전에 예비 치료로 행하는 것이 바람직하다. 지지적 치료를 통해 내담자의 혼란과 위기를 어느 정도 수습하고, 내담자가 자신의 성격적 결함을 변화시킬 수 있는 심리적 역량을 갖추도록 한 다음에는 내담자의 역기능적인 성격 구조를 근본적으로 변화시키는 재구성적 치료를 행할 수 있다. ◆

2. 협조적 치료 관계 형성하기

1) 관계 형성의 중요성

내담자와 치료자 간에 협조적인 치료 관계가 잘 형성되지 않으면 치료를 순조롭게 진행하기 힘들다. 따라서 치료자가 내담자와 어떤 관계를 형성하고 이를 어떻게 유지해나가는지는 매우 중요한 문제다. 특히 경계선 성격장애를 지닌 내담자에 대한 치료에서는 협조적인 치료 관계의 구축이 치료의 성패와 직결될 만큼 중요하다. 왜냐하면 다른 사람과 신뢰롭고 안정적인 관계를 맺지 못하는 것 자체가 이들이 갖고 있는 핵심적 문제 중 하나이기 때문이다.

경계선 성격장애를 지닌 사람들은 인간관계에 있어서 매우 상반된 2가지 입장 사이에서 혼란을 겪는다. 한 가지는 친밀한 관계에 대한 추구로서, 이들은 자신의 가치를 수용해주고 존중해주는 대상에게 강하게 집착한다. 하지만 동시에 이들은 상대방에게 버림받는 것에 대한 공포 역시 가지고 있다.

사람들은 대부분 다른 사람과의 관계가 밀접해질수록 자신을 개방하는 폭과 깊이 역시 그만큼 넓고 깊어지며, 그에 따라 두 사람 간의 친밀도는 더욱더 높아지게 된다. 하지만 경계선 성격장애 내담자는 상대방과 친밀해질 경우 상대방이 결점과 결함으로 가득한 자신의 진짜 모습을 발견하게 되어 자신을 거부하고 버릴지도 모른다는 두려움과 공포를 더욱더 강하게 경험한다. 따라서 이들은 치료 장면에서 치료자와 친밀한 관계를 맺음으로써 초래될 수 있는 유기의 위험상황으로부터 스스로를 보호하기 위해 협조적인 치료 관계를 형성하려는 치료자의 시도에 강한 저항을 보인다. 이렇게 볼 때 경계선 성격장애에 대한 심리치료에서는 치료자와 내담자가 협조적인 관계를 형성하고 유지하는 것 자체가 치료의 핵심이라고 볼 수 있다.

2) 관계 형성 방법

경계선 성격장애를 지닌 사람들과 협조적인 치료 관계를 형성하는 것은 그리 간단한 문제가 아니다. 협조적 관계는 어느 정도 서로에 대한 신뢰와 친밀감을 필요로 하는데, 이들에게는 누군가를 믿고 그 사람과 친밀해진다는 것이 매우 위험한 일로 간주되기 때문이다. 이는 치료자에 대해서도 마찬가지일 것이다. 따라서 치료자로서는 경계선 성격장애를 지닌 내담자와의 관계 형성에 있어서 매우 신중한 접근을 취할 필요가 있다.

우선, 경계선 성격장애를 지닌 사람들에게 치료자를 믿으라고 직접적으로 설득하거나 일방적으로 강압하는 것은 바람직하지 않다. 이들은 치료자가 그들 자신을 믿으라고 말한다고 해서, 또 치료자가 전문 자격을 갖추었다고 해서 그들을 믿을 만큼 병리가 약한 사람들이 아니다. 치료자에 대한 신뢰는 무엇보다도 이들이 치료자를 신뢰하는 데 어려움을 가질 수 있다는 것을 치료자가 명시적으로 인정하고 받아들일 때, 그리고 치료자가 일관적으로 신뢰로운 방식으로 주의 깊게 행동할 때에만 서서히 조금씩 형성될 수 있다.

경계선 성격장애 내담자에 대한 치료자의 의사소통 방식은 애매하거나 모호하지 않아야 하며 솔직해야 한다. 또한 치료자는 내담자의 오해를 불러일으킬 수 있는 말이나 행동은 삼가야 한다. 내담자에게 하는 말의 내용과 비언어적 행동 단서가 불일치하여 말로는 내담자를 이해한다고 하면서 행동으로는 그러한 느낌을 전달하지 못한다면 내담자로서는 치료자를 신뢰할 수 없게 된다.

치료자는 또한 내담자와 한 약속이나 합의를 반드시 준수해야 한다. 예를 들어, 치료자가 예고 없이 치료 시간에 늦는다든지 심지어 치료 약속을 취소하는 것은 신뢰 형성에 악영향을 끼치게 되므로 치료자는 이런 일이 발생하지 않도록 각별히 유의해야 한다. 또한 내담자가 치료자를 스스로 믿을 수 있게 되기 전까지 내담자가 꺼내기를 꺼리는 화제를 서둘러 다루려 해서는 안 된다. 치료자는 충분한 준비가 되기 전까지는 내담자가 민감하게 여기는 문제를 억지로 이야기할 필요가 없다는 것을 전달할 수 있어야 한다.

때때로 경계선 성격장애 내담자는 치료자가 전달하는 친밀감의 표시에 불편해할 수도 있다. 일반적으로 치료자가 내담자에게 악수를 청한다든지 눈맞춤을 한다든지, 자신의 개인적인 경험을 공개하는 것이 내담자에게는 친밀감을 표시하는 행위로서 별다른 무리가 없을 수도 있다. 하지만 친밀해지는 것에 대한 두려움을 가지고 있는 경계선 성격장애 내담자에게는 치료자의 이러한 친밀감 표시 행위가 큰 부담으로 작용하기 쉽다. 따라서 치료자는 친밀에 대한 내담자의 수용 가능성을 넘어서는 표현 행위는 자제하는 것이 좋다.

3) 치료자에 대한 내담자의 시험

치료자가 앞서 언급한대로 행동한다고 해서 경계선 성격장애 내담자가 치료자를 곧바로 신뢰할 수 있게 되는 것은 아니다. 내담자는 치료자가 얼마나 신뢰할 수 있는 인물인지를 끊임없이 시험하는데, 내담자의 이러한 시험에 치료자가 어떻게 대처하는지에 따라 치료적 관계 형성의 성패가 판가름날 수 있다. 치료 초반기에는 경계선 성격장애 내담자들이 정규적인 치료 시간 이외에 치료자에게 전화를 걸거나 직접 찾아와 자신을 만나줄 것을 요구하기도 한다. 그들은 자신이 필요를 느낄 때는 언제든지 치료자가 자기 옆에 있어주기를 바란다.

물론 내담자의 이러한 특별한 요구가 일부러 꾸며낸 것이거나 과장은 아니다. 내담자로서는 치료자를 만나지 않는 동안 여러 가지 극심한 혼란예: 극심한 불안이나 공포감 등의 경험을 경험할 수 있고, 이럴 때 자신을 진정시켜주고 따뜻하게 돌봐줄 치료자를 찾는 것은 어쩌면 당연할지도 모른다. 그러나 치료자와 신뢰로운 관계를 형성해야 할 치료 초기에 내담자가 치료자의 특별한 보살핌을 필요로 하는 생활상의 위기를 경험하게 된다는 것이 결코 우연은 아니다. 이러한 위기의 경험은 자신을 대하는 치료자의 태도와 행동의 진실성을 검증해 볼 수 있

2. 협조적 치료 관계 형성하기 ＊ **137**

는 좋은 기회이기도 하다. 따라서 치료자로서는 내담자의 이
러한 특별한 요구에 직면할 때 딜레마에 처한다.

딜레마 중 하나는 내담자가 요구할 때마다 내담자를 만나
주거나 특별한 대우를 해주는 것이 현실적으로 곤란한 경우가
많다는 것이다. 예를 들어, 한밤중에 전화를 걸어 자신을 만나
줄 것을 요구한다든지, 종일 자신과 있어줄 것을 요구할 때 치
료자는 그렇게 할 수 없는 경우가 많다.

딜레마의 또 다른 측면은 내담자의 이러한 요구를 마냥 거
절하기도 어렵다는 것이다. 치료자가 내담자의 이러한 요구
를 냉정하게 거절하고 모든 이야기는 정해진 치료 시간에만
할 수 있다는 식으로 대처하는 것은, 내담자에게 치료자가 자
신을 중요하게 생각하지 않고 언제든지 자신을 버릴 수도 있
는 존재라는 인식을 갖게 하기 십상이다.

따라서 치료자는 자신이 처한 현실적인 상황과 내담자에
대한 배려라는 2가지 상반된 입장 사이에서 적절한 타협을 하
지 않으면 안 된다. 이러한 타협이 지나치게 치료자 개인의 현
실적 입장만을 반영하는 것이라면 내담자는 치료자에게 실망
과 분노를 느끼게 될 것이고, 따라서 치료가 중도에 끝나버릴
수도 있다. 그렇다고 해서 지나치게 내담자의 입장만 반영한
다면 치료자는 내담자의 과도한 요구에 언젠가는 지치게 될
것이고, 그로 인한 짜증이 은연중에 내담자에게 전달되어 좋

지 않은 결과를 초래할 수도 있을 것이다.

치료자는 자신이 내담자의 특별한 요구에 어느 정도까지 응해줄 수 있는지에 관한 원칙을 세울 필요가 있다. 이러한 원칙에는 내담자와 치료자의 사정이나 입장이 적절히 반영되어 있어야 한다. 그리고 한번 정해진 원칙은 특별한 경우예: 내담자가 자살 충동을 강하게 느끼거나 자살 시도 직전에 있는 경우가 아니라면 일관되게 지킬 필요가 있다. 이러한 원칙에 예외를 자주 허용하면 곤란한 상황이 발생할 수도 있다. 왜냐하면 한 번의 예외는 또 다른 예외를 부르고, 이는 끊임없이 이어질 수 있기 때문이다.

정규적인 치료 시간 이외의 만남에 대한 내담자의 특별한 요구를 다루는 한 가지 방법은 정규적인 만남과 만남 사이의 시간 간격을 적절히 조정하는 것이다. 예를 들어, 일주일에 한 번만 만나는 것은 정규적 만남 이외의 특별한 만남에 대한 내담자의 요구를 증폭시키는 결과를 낳기 쉽다. 따라서 일주일에 두세 번으로 만남의 빈도를 증가시킴으로써 내담자가 일상생활에서 경험하게 되는 여러 가지 위기 상황을 치료 시간 안에 다룰 수 있게 해주어야 한다.

4) 치료 관계의 종결

내담자와 치료자 간의 치료 관계는 일반적인 인간관계와 차이가 있다. 인간관계는 언제까지나 계속 유지될 수 있는 관계인 반면, 내담자와 치료자의 치료적 관계는 이별을 전제로 한 일시적인 만남이며, 따라서 이 둘 간의 관계는 언젠가는 종결을 맞게 되는 잠정적인 것이다. 그러므로 내담자는 이제까지 의존해왔던 치료자에게서 분리되는 아픔과 고통을 이겨낼 수 있어야 하는데, 이러한 성공적인 분리 경험을 통해 한층 더 자율적이고 독립적인 기능을 수행할 수 있게 된다.

그러나 경계선 성격장애를 지닌 내담자의 경우 누군가와 이별을 고해야 한다는 것은 크나큰 아픔으로 작용한다. 그것은 치료가 성공적으로 끝나고 난 후에 치료자와 이별하는 경우에도 마찬가지다. 따라서 치료자는 치료가 성공적으로 진행되었다 하더라도 관계의 종결에 각별한 주의를 기울여야 한다.

일반적으로 경계선 성격장애 내담자와의 종결은 서서히 그리고 점진적으로 진행하는 것이 낫다. 성공적인 치료 후의 급격한 종결은 내담자에게 강한 불안을 유발할 수 있으므로 최소한 3개월 정도의 시간 여유를 갖고 서서히 만남의 빈도를 줄여가면서 종결에 임하는 것이 좋다. ❖

3. 문제별 치료 방법

1) 치료 진행의 일반적 원리

다른 문제를 지닌 내담자들에 비해 경계선 성격장애를 지 닌 내담자들이 갖는 한 가지 뚜렷한 특징은 그들이 호소하는 문제나 증상이 매우 광범위하다는 것이다. 이들의 문제는 구 체적이고 행동적인 표면적 문제부터 심층적이고 핵심적인 문 제에 이르기까지 굉장히 다양하다. 따라서 치료자로서는 내 담자가 지닌 문제 중 어떤 문제를 어느 시기에 다루는지와 관 련된 전반적인 치료 전략을 가지고 있지 않으면 치료를 체계 적이고 효율적으로 진행하기 힘들어질 수 있다.

경계선 성격장애 내담자들이 치료자와 협조적 치료 관계를 형성하는 데 어려움을 가질 수 있다는 점을 감안한다면, 치료 의 초반기에는 구체적이고 행동적인 문제를 다루는 것을 치료

목표로 정하는 것이 좋다. 즉, 내담자가 일상생활에서 겪는 실질적인 문제에 초점을 맞추어 치료를 진행해나간다는 것이다. 이때 구체적으로 어떤 문제를 다룰 것인지는 치료자와 내담자가 논의해서 정할 수 있다.

경계선 성격장애 내담자와의 치료에서 초반기의 가장 큰 목표는 협조적 치료 관계를 형성하는 것과 내담자가 일상생활에서 경험하는 실질적인 문제를 해결하는 것이므로, 내담자에게 위협감을 줄 수 있는 뿌리 깊은 성격적 문제를 치료의 초반기부터 다루는 것은 관계를 형성하는 데 해가 될 수도 있다.

경계선 성격장애 내담자의 성격 문제를 본격적으로 다룰 수 있기 위해서는 상당한 준비 기간이 필요하다. 내담자가 자신의 부정적인 모습을 바라볼 수 있는 심리 내외적 여건(예: 치료자에 대한 신뢰감의 형성, 위기 경험의 감소, 어느 정도의 자아 능력 등)이 마련되지 않은 상태에서 자신에 관한 깊은 내성이 필요한 심층적 문제를 다룰 경우 내담자는 위협을 느끼기 쉽다. 따라서 치료의 초반기에는 비교적 내성이 덜 필요한 일상생활의 고민거리에 이야기의 초점을 맞추다가 점차 느낌이나 생각 등과 같은 보다 깊은 내성을 필요로 하는 문제를 다루는 것으로 치료를 진행해나가는 것이 바람직하다.

치료의 초반기에는 표면적인 문제를 다루고, 치료를 진행해감에 따라 점차 심층적인 문제에까지 대화의 범위를 확장해

나간다면 무엇보다도 내담자가 치료자에 대한 신뢰감과 친밀
감을 형성해나가는 데 도움이 될 것이다. 이와 같은 점진적인
치료 진행은 치료자를 위협적이고 경계해야 할 인물로 여기는
경향성을 감소시켜줄 수 있다.

다른 한편으로 이와 같은 치료 진행은 내담자에게 자신의
문제를 인내할 수 있는 심리적 역량을 기를 수 있게 만들어주
기도 한다. 치료자는 내담자가 감내할 수 있는 만큼의 깊이까
지만 문제를 다루어줌으로써 내담자가 보다 자신감을 가지고
자신의 문제를 대하도록 해줄 수 있다.

또한 그것은 치료에 대한 내담자의 동기를 계속 유지하게
하는 데도 도움이 된다. 그 이유는 내담자가 구체적이고도 행
동적이며, 일상생활에서 경험하는 실질적인 문제에 대해 성공
적인 대처 경험을 쌓아감에 따라 보다 심층적이고 핵심적인
문제도 성공적으로 다룰 수 있다는 자신감을 기를 수 있게 되
기 때문이다.

경계선 성격장애 내담자와의 치료에서 직면하게 되는 치료
자의 고민 중 하나는 내담자가 다루고 싶어 하는 문제를 어느
정도까지 다루어야 하는지다.

치료 과정에서 대화의 화제는 크게 내담자가 다루기를 희
망하는 것과 치료자가 다루기를 희망하는 것으로 구분할 수
있다. 이 2가지가 일치한다면 별다른 문제가 없지만, 차이가

날 경우에는 문제가 발생할 수 있다.

대개 내담자가 다루기를 희망하는 문제들만 다루다 보면 비슷한 이야기가 계속 되풀이되어 문제해결을 위한 치료적 대화가 힘들어지고 치료의 진전을 기대하기 어려워지는 경우가 많다. 치료자로서는 내담자가 제시하는 화제와는 별도로 자신이 다루었으면 하는 화제가 나름대로 있기 마련인데, 경계선 성격장애 내담자와의 상담에서는 특히 이 점을 조심해야 한다.

하지만 내담자가 꺼내는 화제가 치료에 별다른 도움이 되지 않는 것으로 보인다고 해서 치료자가 일방적으로 화제를 선택하여 이야기를 진행시켜나가는 것은 매우 위험하다. 따라서 치료자는 내담자가 꺼내는 이야기를 중심으로 대화를 진행해나가되, 그러한 대화의 중간 중간에 치료자가 다루고 싶어 하는 화제를 연결지어나가는 방식을 택하는 것이 좋다.

2) 자기파괴적 행동의 치료적 대처

자기파괴적 행동self-destructive behavior은 경계선 성격장애의 가장 뚜렷한 특징 중 하나인 동시에, 치료에서 비교적 흔히 발생하며 치료자를 가장 곤란하게 만드는 문제이기도 하다.

경계선 성격장애를 지닌 사람들에게서 주로 나타나는 자기파괴적 행동은 자살 시도나 자살 위협, 정신과적 약물의 과다 복용, 손목을 칼로 긋는 등의 자해 행동, 향정신성 약물의 남용, 상대를 가리지 않는 무분별한 성 행동, 부주의한 운전에 따른 사고 등을 포함한다.

경계선 성격장애를 지닌 사람들이 나타내는 자기파괴적 행동의 이유 혹은 동기는 크게 다음과 같이 3가지로 나눌 수 있다.

(1) 대상에 대한 분노나 적개심

경계선 성격장애를 지닌 사람들이 보이는 자기파괴적 행동은 특정한 대상에 대한 분노나 적개심을 표현하는 방식일 수 있다. 예를 들어, 오랫동안 자신을 학대해온 주요 대상(예: 부모)을 공격하는 한 가지 방식으로 자기파괴적 행동을 할 수 있다.

(2) 자기처벌

경계선 성격장애를 지닌 사람들이 자기파괴적 행동을 보이는 또 다른 이유는 죄책감에서 벗어나기 위해서, 또는 못마땅한 자기 자신이나 자신의 부정적 측면을 스스로 처벌하기 위해서일 수 있다. 이 2가지 이유 때문에 자기파괴적 행동이 나타날 경우, 치료자는 우선 내담자가 행하는 자기파괴적 행동이 얼마나 위험하고 치명적인지를 고려해야 한다. 여기에는 유리창을 손으로 깨는 것부터 칼로 손목을 긋는 것, 달리는 차에 뛰어드는 것, 치명적인 약물을 복용하는 것에 이르기까지 다양한 행동이 해당할 수 있다.

두 번째는 내담자가 자기파괴적 행동을 통제할 수 있는 심리적 능력을 어느 정도나 가지고 있는가 하는 점이다. 경계선 성격장애를 지닌 사람들은 매우 충동적이어서 자기 자신을 해치려는 충동이 일어날 경우 이를 참지 못하고 그대로 행동화해버리는 경우가 많다. 그렇다 하더라도 충동성의 정도는 개인마다 조금씩 차이가 날 수 있으므로 이 점을 정확히 평가할 필요가 있다.

앞서와 같은 2가지 고려 사항에 대한 주의 깊은 평가를 통해 내담자가 자신의 충동을 통제할 수 있는 심리적 역량이 극히 미약하고, 충동적으로 행하는 자기파괴적 행동이 내담자의 안전에 극심한 해를 입힐 수 있다는 판단이 섰을 때는 일정한 기간의 입원 조치가 불가피하다.

반면, 내담자가 자기파괴적 행동을 통제할 수 있는 심리적 힘을 어느 정도 갖추고 있다고 판단되고 내담자의 자기파괴적 행동이 그리 심각한 결과를 초래하지는 않을 것으로 보이는 경우에는 심리치료에서 이 문제를 다루어나갈 수 있다. 이러한 평가와 판단 작업 자체가 고도의 전문성을 필요로 하는 매우 어려운 작업이기 때문에 경계선 성격장애에 대한 치료 경험이 별로 없는 치료자는 애초에 치료를 맡지 않는 것이 바람직하다.

(3) 타인을 조종하려는 의도

경계선 성격장애를 지닌 사람들이 나타내는 자기파괴적 행동의 이유 혹은 동기에는 타인을 조종하려는 의도 역시 있을 수 있다. 어떤 경계선 성격장애 내담자는 치료자의 관심을 불러일으키고 치료자가 자신을 지속적으로 보살피도록 만들기 위해 이와 같은 행동을 하기도 한다. 또한 이러한 행동의 이면에는 치료에서 자신이 다루기 힘들고 위험하다고 여기는 측면을 치료자가 다루지 못하도록 하고, 대신 치료자가 자신을 마냥 지원하고 지지해주도록 만들려는 무의식적인 의도가 숨어 있기도 하다.

이러한 경우라 하더라도 치료자가 대처하기는 쉽지 않다. 왜냐하면 이러한 의도나 동기에 따른 자기파괴적 행동 역시 매우 치명적일 수 있기 때문이다. 치료자가 내담자의 자기파괴적 행동에 자신을 조종하려는 의도가 있다고 판단할 경우, 이에 대한 치료자의 대처 전략은 크게 2가지로 대별될 수 있다. 한 가지는 안전에 대한 위협을 감수하면서도 조종당하려는 내담자의 의도에 굴복하지 않는 것이다. 어떤 치료자는 이

러한 입장을 옹호하는데, 그 이면에는 내담자의 이러한 행동
에 굴복하는 것은 경계선 성격장애의 치료 자체를 불가능하게
만든다는 치료적 판단이 깔려있다.

이와 상반되는 또 다른 대처 전략은 자신을 조종하려는 내
담자의 시도에 치료자가 순응하는 것이다. 이러한 입장을 취
하는 치료자는 내담자의 자살을 방지하기 위해 자신이 무엇이
라도 해야 한다는 입장을 취한다. 그러나 내담자의 이러한 시
도에 치료자가 순응하다 보면 내담자의 진정한 문제해결이나
심리적 성장이 어려워진다. 즉, 자기파괴적 행동의 현시를 통
해 치료자에게서 필요한 지지와 보살핌을 이끌어낸 경험을 한
내담자는 그러한 행동을 반복할 가능성이 커진다는 것이다.

실제로 대부분의 치료자는 경계선 성격장애 내담자에게 조
종당하지 않기 위해 내담자의 행동에 엄격한 한계를 설정해서
그것에 말려들지 말아야 한다는 입장과 내담자의 신체적 안전
을 보장하기 위해서는 내담자가 필요로 하는 것은 들어줄 수
밖에 없다는 입장 사이에서 고민하게 된다. 결국 이 2가지의
상반된 입장 사이에서 타협을 통한 특정한 절충안을 낼 수밖
에 없다.

보다 절충적인 입장에서 볼 때 치료자가 내담자에게 행하
는 치료적 개입의 근거가 분명하고, 내담자가 자기파괴적 행
동을 통해 치료자를 조종하고 통제하려는 의도를 실현하고 있

다는 것을 내담자에게 해석해줄 수 있으며, 그러한 행동을 통해 치료자를 조종하려는 내담자의 시도가 내담자 자신에게 궁극적으로 도움이 되지 않는다는 것을 나중에라도 납득시킬 수만 있다면 당장에는 내담자에게 조종되고 통제받는다 하더라도 그 위험성이 그리 크지 않을 수 있다. 즉, 나중에 그 의미를 치료적으로 다룰 수만 있다면 지금 당장에는 내담자의 조종 시도에 어느 정도 순응하더라도 큰 무리가 없다는 것이다.

3) 충동적 행동의 치료적 대처

우울증 문제를 지닌 사람들 또한 경계선 성격장애를 지닌 사람들 못지않게 자살을 시도할 위험이 크다. 하지만 우울증과는 달리, 경계선 성격장애를 지닌 사람들은 '충동적으로' 자살을 시도하는 경우가 많다. 즉, 이들은 자신의 충동을 적절하게 통제하지 못함으로써 여러 가지 심각한 문제를 경험할 수 있다는 것이다. 따라서 경계선 성격장애 내담자를 치료할 때는 그들이 가진 충동성을 줄이는 것이 치료의 핵심적 목표 중 하나가 된다.

일반적으로 충동성이란 '반응이나 행동의 장기적인 결과에 대한 고려'로 정의할 수 있는 적절한 자기통제가 결여된 상태를 뜻한다. 벡과 프리만(Beck & Freeman, 1990)에 따르면,

충동을 통제하는 일반적인 과정은 다음과 같은 5가지 단계로
구성된다.

- 행동을 취하기 전에 자신에게 특정한 충동이 일어나고
  있다는 것을 먼저 인식하기
- 충동이 일어남과 동시에 자동으로 하게 되는 행동을 의
  식적으로 억제하기
- 다른 대안적 행동에는 어떤 것이 있는지 점검하기
- 여러 가지 대안적 행동 중 적절한 한 가지 행동을 선택
  하기
- 선택한 행동을 실행하기

경계선 성격장애 내담자들의 충동성을 다룰 경우, 앞서 제
시한 각각의 단계를 마치 기술을 훈련시키듯이 하나씩 훈련시
킬 수는 없을지도 모른다. 만일 그렇게 하려 한다면 이들은 치
료자가 자신을 통제하거나 조종하려 한다고 여기고 치료자를
불신하게 될지도 모르기 때문이다. 따라서 치료자는 충분한
시간적 여유를 가지고 조심스럽게 접근할 필요가 있다.

치료자로서는 내담자가 이제까지 해왔던 충동적 행동의 예
를 내담자와 함께 하나씩 검토하면서, 충동적으로 행동해서
그들에게 어떠한 결과가 초래되었는지, 즉 충동적으로 행동

함으로써 초래된 이득과 손실을 상세하게 검토하는 작업을 진행해나갈 수 있다. 이와 더불어, 다른 대안적인 행동에는 어떤 것이 있는지를 내담자와 함께 검토하는 작업을 해나갈 수도 있다. 이때 치료자는 이 과정에서 충동을 제대로 통제하지 못해서 생기는 부정적 결과의 책임을 내담자에게 지우거나, 그것에 대해 내담자를 비난하는 듯한 태도를 취하지 않도록 각별한 주의를 기울여야 한다.

4) 정신증적 증상의 치료적 대처

경계선 성격장애를 지닌 사람들은 비록 일시적이나마 정신증적 증상을 경험할 수 있으며, 이는 다른 형태의 성격장애들에 비해 경계선 성격장애에서 더 두드러지게 나타나는 중요한 측면이다. 경계선 성격장애에서 나타나는 정신증적 증상을 몇 가지 유형으로 구분해보고, 이러한 정신증적 증상이 어떤 경우에 발생하며, 이 증상이 실제로 발생했을 때 어떻게 대처하는 것이 바람직한지를 살펴보자.

(1) 정신증적 증상의 유형

건더슨(Gunderson, 1984)은 경계선 성격장애를 가진 입원 환자들을 대상으로 조사한 결과, 이들에게서 나타나는 정신증적 증상은 그 성질에 따라 다음과 같이 5가지 유형으로 구분할 수 있다고 보았다.

첫번째 유형은 정서적 내용의 증상으로서, 자신의 무가치함에 대한 생각과 자기 내면의 부정적 측면 및 부적절성 등에 대한 비현실적 집착 등을 포함한다. 이 유형에서는 큰 죄를 지었다는 생각이나 자신은 부적절하다는 생각과 관련된 망상이 주로 나타난다.

두 번째 유형은 해리적dissociative 증상이 두드러지는 유형으로서, 이인화depersonalization 혹은 비현실감sense of derealization과 관련된 증상을 경험하는 경우다. 예를 들면, 자신의 신체가 자기 것이 아닌 것 같은 느낌을 받는다든가, 자신이나 다른 사람의 신체 크기 혹은 모양이 다르게 보인다든가 하는 것이다.

세 번째 유형은 시지각 혹은 청지각에 왜곡이 있는 경우로서, 일시적으로나마 실제적인 환각을 경험하는 경우다. 예를 들어, 실제로는 아무도 없는데도 가상의 인물과 대화를 나누거나, 누군가가 자기의 이름을 부르는 것 같은 환청을 경험하거나, 죽은 사람의 목소리가 자꾸 들리는 것이다.

네 번째 유형은 편집증적 생각이 두드러지는 경우로서, 간헐적으로 때로는 수개월 가량 관계망상ideas of reference을 경험하기도 한다. 이러한 편집증적 증상이 비교적 조직화되어 있는 사람들은 자신의 부인이 부정을 저지르고 있다거나 이웃 사람이 자신을 미행하고 있다고 굳게 믿기도 한다.

다섯 번째 유형은 자기와 타인의 경계에 혼돈을 경험하는 경우다. 이 유형의 경계선 성격장애 환자는 다른 사람들이 자신의 마음을 읽는다고 생각하거나 자신 또한 다른 사람들의 마음을 읽을 수 있다고 믿게 되는 경험을 한다.

(2) 조현병과의 차이

지금까지 언급한 5가지 유형의 정신증적 증상은 입원 중인 경계선 성격장애 환자에게서만 나타나는 것은 아니다. 통원 치료 중이거나 심리치료를 받는 경계선 성격장애 내담자의 경우에도 앞에서 제시한 정신증적 증상이 보고되고 있다.

조현병 같은 정신병을 앓고 있는 사람들이 경험하는 정신증적 증상과 경계선 성격장애를 지닌 사람들이 경험하는 정신증적 증상 간에는 몇 가지 차이가 있다. 핵심적인 차이로는 우선 정신증적 증상을 경험하는 기간을 들 수 있다. 조현병의 경우에는 장기간 지속적으로 정신증적 증상을 경험하지만, 경계선 성격장애의 경우에는 정신증적 증상이 단편적이거나 일시적인 것이 특징이다.

더 핵심적인 차이점은 이러한 정신증적 증상이 그것을 경험하는 사람들에게 어떻게 경험되는가다. 조현병을 지닌 사람의 경우에는 정신증적 증상이 별로 불편하게 느껴지지 않는다. 왜냐하면 조현병 환자의 경우 이미 현실 검증 능력을 비롯한 정신 기능의 상당 부분이 왜곡되거나 와해되어 있어서 자신의 경험에 대한 객관적인 평가 자체가 힘들기 때문이다. 반면에 경계선 성격장애를 지닌 사람의 경우에는 정신증적 증상을 기이하고 불편한 경험으로 느낀다.

(3) 정신증적 증상의 발현 조건

경계선 성격장애를 지닌 사람들은 자신을 지지해주고 보살펴주는 외적 대상이 주위에 존재할 경우 현실을 비교적 있는 그대로 지각하는 등 정신증적 증상을 발현할 가능성이 그리 크지 않다. 하지만 이러한 지지적 대상과의 유대나 연결이 무언가에 위협받거나 그 관계에서 좌절을 경험하는 경우, 나아가 그 대상을 상실할 가능성이 크거나 이미 상실한 경우에는 정신증적 증상이 발현될 가능성이 커진다. 달리 말하자면, 자신을 지속적으로 지지해주고 보살펴주는 지지 대상이 주위에 아무도 없다는 느낌이 들 때 정신증적 상태로 퇴행할 가능성이 커진다는 것이다.

이때 한 가지 주목할 점은 이러한 지지 대상이 꼭 사람일 필요는 없다는 것이다. 직장 일을 계속 수행하거나 특정한 기관에 소속되어 있는 것은 경계선 성격장애를 지닌 사람들에게 안정적이고 긍정적인 심리 구조를 제공할 수 있고, 이런 경우에는 지지 대상이 없더라도 그 충격 속에서 버텨나가는 것이 어느 정도 가능하다. 하지만 이러한 외적 구조조차 위협받을 경우에는 현실검증 기능이 크게 손상될 수 있다.

경계선 성격장애를 지닌 사람들이 나타내는 정신증적 증상의 심리적 의미는 혼자 남겨졌다는 것을 받아들이는 데서 오는 극심한 심리적 고통과 좌절을 방어하기 위한 노력으로 이해하는 것이 적절할 것이다. 일반적으로 이들은 정서적 지원은 받지 못하더라도 자신의 주위에 누구라도 있어주기를 바라거나, 하다못해 라디오나 텔레비전에 등장하는 상징적 인물과 공상 속 관계를 유지함으로써 이러한 고통에서 스스로를 방어하려 한다.

그러한 관계조차 유지할 수 없는 극단적인 상황에서는 약물이나 알코올에 충동적으로 빠져듦으로써 고통과 좌절을 방어하려 한다. 정작 문제는 그러한 방법을 통해서도 진정이 되지 않는 경우다. 이런 경우에는 앞서 열거한 정신증적 증상을 통해 현실자신의 주위에 아무도 없이 혼자 내버려졌다는 주관적 현실과의 고통스러운 접촉을 차단하려 하게 된다.

이렇게 볼 때 경계선 성격장애를 지닌 사람들이 나타내는 정신증적 증상은 대상복구적object-restitutive 의미를 지닌다고 볼 수 있다. 즉, 상실된 대상을 복원하려는 심리적 방편인 것이다. 결국 경계선 성격장애에 있어서의 정신증적 증상은 대상

부재objectlessness가 발생했다는 것을 나타내는 신호인 셈이다.

(4) 치료적 대처

경계선 성격장애 내담자들은 치료자와의 심리치료 도중에 정신증적 증상을 나타내기도 한다. 실제로 이런 일이 벌어졌을 때 능숙하고 경험이 많은 치료자가 아니라면 큰 곤란과 혼란을 경험할 수 있다. 즉, 경계선 성격장애 내담자들이 나타내는 정신증적 증상의 의미를 제대로 이해하지 못하는 치료자들은 심리치료로는 치료가 불가능하다고 섣불리 포기해버리거나, 다른 치료자에게 성급히 의뢰해버리는 치료적 과오를 범하게 되는 것이다.

치료 과정에서 나타나는 경계선 성격장애 내담자들의 정신증적 증상은 치료자가 내담자에게 안정적 지지 대상으로 기능하고 있지 못함을 나타내는 신호라고 볼 수 있다. 예를 들어, 치료 과정에서 치료자가 내담자에게 지나치게 무감각하거나 냉담하면 내담자는 치료자에게 어떠한 정서적 지원도 받을 수 없게 되고, 물리적으로는 대상이 존재하지만 심리적으로는 대상이 부재함을 경험하게 된다.

또한 치료자가 휴가를 간다든지 해서 일정 기간 만나지 못할 때, 특히 민감한 내담자의 경우에는 주말처럼 치료 시간 사이의 공백 기간에 치료자를 만날 수 없을 때 대상 부재를 경험할 수 있다. 이렇게 보면 내담자가 정신증적 증상을 비교적 지속적으로 혹은 되풀이해서 나타낼 경우에는 자신이 치료자로서 내담자에게 어떻게 기능하고 있는지를 심각하게 재검토하거나, 내담자에게 외적 지지 또는 구조를 새로이 마련해 줄 필요성을 고려해보아야 한다.

앞서도 언급했듯이, 경계선 성격장애의 정신증적 증상은 대상과의 분리가 예견될 때 발생하기 쉽다. 따라서 경계선 성격장애 내담자가 치료자와의 장기간에 걸친 관계를 종결해야 할 시점은 매우 위험한 시점이기도 하다. 종결에 즈음해서 예견되는 문제를 치료자가 제대로 이해하지 못하고 일방적으로 종결을 시도한다면, 내담자는 약물복용이나 상대를 가리지 않는 성행동 등과 같은 자기파괴적인 충동적 행동에 몰두해버린다. 또한 심한 경우에는 정신증적 증상을 나타내기도 한다.

이와 같은 충동적 행동이나 정신증적 증상은 장기간 애착관계를 형성해온 치료자에게서 분리되어 혼자 남겨지는 것에 대한 방어를 반영한다. 따라서 치료자에게서 분리되지 않기 위해 치료자를 조종하려는 무의식적 의미도 내포하고 있는 것이다.

내담자가 치료 과정에서 애착 대상의 부재를 경험할 때뿐만 아니라 관계를 맺고 있는 대상과 지나치게 밀착되어있다고 느낄 때도 역시 정신증적 증상이 발현될 수 있다. 경계선 성격장애 내담자는 다른 사람들에게 통제받는 것을 견딜 수 없을 만큼 고통스러워한다. 왜냐하면 그들은 대상상실뿐만 아니라 자기상실에 대한 공포도 가지고 있기 때문이다.

경계선 성격장애에 대한 정신분석적 이론에서도 설명했듯이 발달 과정에 있는 아동은 분리에 대한 공포에 대처하기 위해 어머니에게 더욱 의존하고 밀착하게 되는데, 이로 인해 독립적이고 개별화된 자기의 발달이 실패하게 된다. 이러한 발달적 경험을 가진 경계선 성격장애 내담자들은 타인에게 함몰되어 휘둘림을 당하는 것에 크나큰 공포를 갖게 된다. 따라서 이들에게 있어서 타인과의 지나친 밀착은 자기가 없어져 버리는 자기상실의 경험으로 이어지게 되는 것이다.

치료자가 경계선 성격장애 내담자들이 받아들일 수 있는 적정한 거리를 넘어서서 그들에게 정서적으로 다가가면 내담자들은 큰 위협을 느끼게 되는데, 이때 발현되는 정신증적 증상은 치료자와 적절한 거리를 유지하려는 일종의 정신적 공간 확보의 의미를 지닌다. 만일 내담자의 정신증적 증상의 의미가 이러한 것이라면 치료자로서는 관계 단절에 따른 대상상실의 위협을 주지 않는 범위 내에서 내담자와 적절한 정서적 거리를 유지할 방도를 강구해야 한다.

한편, 내담자가 정신증적 증상을 나타내서 정상적인 심리치료를 진행하기가 어렵다고 판단될 경우에는 입원 치료나 약물치료를 선택할 수도 있다. 경계선 성격장애의 정신증적 증상이 발현되는 기간은 비교적 단기간으로 그치는 경우가 많기 때문에, 입원 치료나 약물치료를 통해 정신증적 증상이 어느 정도 호전되면 심리치료를 재개할 수 있다.

치료자는 이 경우에 내담자의 정신증적 증상에 겁을 먹거나 압도되면 곤란하다. 그렇게 될 경우 치료자는 치료를 포기해버릴 수도 있다. 이는 내담자에게는 또 한 번의 대상 상실의 경험이 될 수 있으며, 이제까지 공들여온 치료적 노력이 한순간에 수포로 돌아가버리는 것이 될 수도 있다. 따라서 치료자는 경계선 성격장애 내담자들이 나타내는 정신증적 증상의 성질과 의미를 사전에 충분히 이해하고 있어야 한다. ◆

4. 그 밖의 치료적 접근

비록 내담자와 치료자가 일대일로 만나서 대화를 통해 치료를 진행해나가는 개인 심리치료가 경계선 성격장애에 대한 가장 전형적인 치료이긴 하지만, 이것이 유일한 치료적 접근은 아니다. 이 외에도 가족치료, 집단치료, 약물치료, 입원 치료 등이 단독으로 혹은 개인 심리치료와 병행해서 이루어지기도 한다.

1) 가족치료

경계선 성격장애를 지닌 내담자에 대한 가족치료family therapy를 계획할 때는 내담자와 다른 가족 구성원들 간의 관계가 어떤 성질을 지니는지에 대한 세심한 평가가 먼저 이루어져야 한다. 경계선 성격장애를 지닌 내담자와 가족 구성원, 특히 부모와의 관계는 크게 2가지 유형으로 나뉘며, 가족치료를 어떻게 진행하는지는 관계의 유형에 따라 달라진다.

(1) 과잉몰입 유형

과잉몰입 유형은 경계선 성격장애를 지닌 내담자에게 가족 구성원, 특히 부모가 과잉몰입되어있는 경우다. 이러한 경우, 내담자의 부모는 내담자가 자신에게서 심리적으로 분리되어 나가는 것에 대해 큰 저항을 나타내고 분노나 적대감, 두려움을 느낀다. 이들에게 있어서 자녀의 분리는 나쁜 것이며, 이들은 되도록이면 자녀를 자신의 품속에 계속 두려 한다.

부모가 이러한 방식으로 자녀와 계속 정서적 밀착을 유지하려 하는 것은 아마도 그들 자신의 성격적 불안정이나 불안감 때문일 것이다. 구체적인 이유야 어쨌든 간에 이러한 특징을 지니는 가족과의 치료에서 핵심적인 치료 목표는 경계선 성격장애 내담자가 부모 및 그 가족으로부터 적절히 분리될 수 있도록 돕는 것이다.

과잉몰입 유형의 가족에 대한 가족치료에서는 가족의 지속적이고 적극적인 참여가 필수다. 대개 이런 형태의 가족에 대한 치료는 1회기당 약 90여 분 정도씩 매주 계속하는 것이 바람직하며, 경계선 성격장애 내담자와의 개별 심리치료도 병행하는 것이 좋다.

가족치료에서 치료자는 가족 구성원들 간의 정서적 표현을 촉진하는 것에 중점을 둔다. 가족 구성원들이 서로에게 느끼는 감정이 무엇인지를 인식하게 하고, 그러한 감정을 더 이상 부인하거나 억압 및 왜곡하지 말고 있는 그대로 상대방에게 표현하는 것을 적극적으로 장려하는 데 치료의 초점을 맞춘다는 것이다.

상대방에 대한 정서적 표현이 장려되는 분위기에서는 경계선 성격장애 내담자 역시 부모를 비롯한 다른 가족 구성원에게 가지고 있는 감정을 비교적 안전한 분위기에서 표현할 수 있게 된다. 이는 가족과 부모로부터의 심리적 분리를 어느 정도 가능케 하는 첫걸음이다.

(2) 무시 유형

무시 유형은 과잉몰입과는 대조적으로, 경계선 성격장애 내담자가 부모를 비롯한 다른 가족 구성원에게 지속적으로 무시를 당해온 경우다. 여기에서 무시란 부모가 경계선 성격장애 내담자에게 적절한 지지나 보살핌, 주목 등의 기능을 제대로 수행하지 못하는 것을 뜻한다. 이는 아동에 대한 적극적인 무시의 결과일 수도 있고, 소극적인 부주의의 결과일 수도 있다. 자녀를 무시하는 부모는 대부분 자신의 자녀가 경계선 성격장애 문제로 치료를 받는다는 것 자체를 별로 달가워하지 않는다.

과잉몰입된 가족과의 치료가 부모와 내담자 간의 적절한 분리를 목표로 한다면, 무시가 주된 문제인 가족과의 치료에서는 부모에 대한 내담자의 의존 욕구를 적절히 충족시키는 것을 목표로 삼을 법도 하다. 하지만 실제로 이렇게 하기는 매우 곤란하거나 불가능하다고 할 수 있다. 이제까지 자녀를 무시해온 부모가 자녀의 이와 같은 의존 욕구를 충족시켜주려 들지 않기 때문이다.

이런 상황에서 내담자와 부모를 모두 포함하는 가족치료를 진행하면 오히려 부작용과 역효과만 내기 쉽다. 따라서 이 경우에는 경계선 성격장애 내담자와는 개별적인 심리치료를 진행해나가고, 부모에게는 별도로 가족치료를 진행해나가는 것이 바람직하다.

부모에 대한 가족치료에서는 그들의 자녀가 겪고 있는 심리적 어려움이 무엇인지, 그것이 얼마나 고통스러운지, 그리고 그것에서 벗어나기 위해 부모가 해야 할 일에는 어떤 것이 있는지 등에 초점을 맞춘 일종의 부모교육이 이루어진다. 물론 이러한 교육은 지지적인 분위기에서 이루어져야 하며, 자녀의 문제가 부모 자신의 책임이라는 인상을 주지 않도록 세심한 주의를 기울여야 한다. 그 대신 문제를 지닌 자녀가 좀 더 독립적인 성인으로 발달해나가는 데 부모의 협조가 필요하다고 강조한다면 부모는 보다 안심하고 치료에 임할 수 있게 된다.

2) 집단치료

보통 집단치료group therapy는 개인 심리치료와 함께 이루어질 경우 여러모로 유익한 결과를 가져올 수 있다고 간주된다. 하지만 경계선 성격장애의 경우도 그러한지에 대해서는 의견이 엇갈린다. 경계선 성격장애를 지닌 사람들은 대개 자신에게 정서적 지지를 제공하는 대상과 독점적이고도 배타적인 관계를 맺고 싶어 한다. 그 대상을 다른 사람들과 공유한다는 것 자체를 매우 꺼리는 것이다. 이러한 특성 때문에 한 명의 치료자와 여러 명의 내담자로 구성되는 집단치료 장면은 이들에게는 매우 불편한 상황으로 경험될 수 있다.

그럼에도 집단치료는 경계선 성격장애 내담자에게 도움이 된다. 이들은 집단치료에 참여함으로써 다음과 같은 이득을 얻을 수 있다.

첫째, 집단치료에는 여러 명의 내담자가 존재하는데, 이들은 서로 특정 내담자가 부적응적인 인간관계를 맺거나 충동적인 행동을 할 때 이를 직면시켜 주는 역할을 수행할 수 있다.

둘째, 대부분의 집단은 성장과 독립을 집단 작업의 주요 목

표로 삼는데, 의존 욕구를 지니고 있는 경계선 성격장애 내담
자는 자신의 의존 욕구가 바람직하지 않을 수도 있다는 것을
집단 작업을 통해 배우게 된다.

셋째, 집단은 각자가 느끼는 감정이나 문제를 소통하고 자
신의 행동을 생산적으로 실험해볼 수 있는 기회를 제공한다.
즉, 비위협적인 분위기 속에서 자신의 감정을 드러내고 이에
대한 피드백을 받음으로써 교정적 정서 체험을 할 기회를 얻
을 수 있게 된다.

3) 약물치료

경계선 성격장애에 대한 약물치료pharmacotherapy는 시간이
지남에 따라 확산되어가는 추세다. 예를 들어, 경계선 성격장
애 내담자가 나타내는 정서적 증상이나 정신증적 증상, 충동
적 행동 등에 약물을 처방함으로써 이러한 증상을 완화시키는
경우가 많아졌다. 하지만 이러한 약물이 어느 정도의 효과를
내는지는 잘 통제된 연구가 흔치 않기 때문에 현재로서는 그
효과를 말하기가 어렵다.

가족치료나 집단치료를 하는 사람들은 경계선 성격장애
내담자에 대한 개인 심리치료자인 경우가 대부분이다. 따라
서 이 경우에는 가족치료나 집단치료를 개인 심리치료와 병

행하더라도 별다른 문제가 발생하지 않을 수 있다. 하지만 경계선 성격장애를 지닌 사람에게 개인 심리치료와 약물치료를 병행하는 것은 문제가 된다. 심리치료자와 약물치료자는 다른 사람인 경우가 대부분이기 때문에 분열이 초래될 수 있는 것이다.

이 경우 경계선 성격장애 내담자는 자신이 더 신뢰하는 인물에 대해서는 거부의 위험성을 방지하기 위해 이상화를 하는 등의 반응을 하고, 그렇지 않은 나머지 인물에 대해서는 정서적 관계를 아예 맺으려 하지 않을 수 있다. 따라서 심리치료자와 약물치료자는 내담자가 이러한 행동 경향을 나타낼 수 있음을 이해하고 여기에 말려들지 않도록 주의해야 한다.

4) 입원 치료

여러 유형의 성격장애 중에서 입원 치료의 빈도가 가장 높은 성격장애가 바로 경계선 성격장애다. 자해나 자살 등 그냥 방치하면 심각하고 치명적인 자기파괴적 행동이 발생할 것으로 예상되는 경우에는 이들에게 입원 조치가 이루어진다. 타인에 대한 공격 등과 같은 심각한 반사회적 행동이 예상되는 경우에도 입원 치료를 고려해볼 수 있다. 또 내담자가 일시적으로나마 정신증적 증상을 나타낼 때도 입원 치료를 고려해볼 수 있고, 특정한 위기 상황이 도래할 것으로 예상되는 경우 역시 입원 치료가 가능한 대안이 될 수 있다.

경계선 성격장애를 지닌 사람들에 대한 입원 조치는 비교적 단기간에 그치는 경우가 많다. 당면한 위기를 어느 정도 해소하면 입원 치료의 필요성이 그만큼 줄어들기 때문이다. 하지만 내담자가 처한 사회적 상황이 극히 불건전하거나 자기파괴적 경향성이 매우 지속적으로 나타나거나, 정신증적 증상이 되풀이해서 발생하는 경우에는 비교적 장기간의 입원 치료가 이루어지기도 한다.

5) 치료적 예후에 영향을 미치는 요인

어떤 특징을 갖는 경계선 성격장애 내담자들은 치료에 비교적 잘 반응하지만, 또 어떤 특징을 갖는 내담자들은 그렇지 못하다는 연구가 있어왔다. 이렇듯 치료에 긍정적인 예후를 나타내는 경계선 성격장애 내담자들의 특징과 부정적인 예후를 나타내는 내담자들의 특징을 살펴보고, 경계선 성격장애에서 가장 심각한 문제로 대두되는 자살과 관련해 자살 문제에 취약한 내담자들의 특징을 살펴보기로 한다.

스톤(Stone, 1990)은 긍정적인 치료적 예후와 관련한 요인을 제시한 바 있는데, 여기에는 다음과 같은 특징이 포함된다.

- 자기훈육_{self-discipline}과 과제지향 경향성이 높은 강박적 성격 특질을 지닌 경우
- 남다른 재능을 지닌 경우
- 지능이 매우 높은 경우
- 강한 신체적 매력을 지닌 경우

다우슨과 그라운즈(Dowson & Grounds, 1995)는 다음과 같이 부정적인 치료적 예후와 관련한 요인을 제시했다.

- 아주 잔인한 부모 밑에서 성장한 경우
- 아동기에 부모에게 철저하게 무시를 당하면서 성장한 경우
- 아동기에 성적 학대특히 부녀간의 근친상간를 당한 경험이 있는 경우
- 약 10개월 이상의 장기입원 경험이 있는 경우
- 비교적 성인이 되어서 강간을 당한 경험이 있는 경우
- 교도소에 다녀온 경험이 있는 경우
- DSM-IV의 경계선 성격장애 진단 기준 모두에 해당하는 경우
- 반사회적 성격장애나 분열형 성격장애가 있는 경우
- 주요 정동장애를 지니고 있지 않은 남성의 경우

- 지능이 낮은 경우
- 지속적으로 약물을 남용하는 경우

스톤(1990)은 경계선 성격장애에서 가장 심각한 문제인 자살과 관련하여, DSM-IV에서 제시하는 경계선 성격장애의 9가지 진단 기준 모두에 해당하면서 20대를 전후한 입원 환자 중 약 40%는 5년 이내에 자살하는 것으로 조사되었다고 보고했다. 또한 주요 정동장애와 알코올중독을 지닌 경계선 성격장애 입원 환자의 경우 5년 이내에 37.5%가 자살한 것으로 보고했다.

반사회성 성격장애를 동시에 지닌 경계선 성격장애 환자는 경계선 성격장애만을 지닌 입원 환자에 비해 자살률이 3배나 높았으며, 주요 정동장애를 동시에 지닌 남성 입원 환자는 경계선 성격장애만을 지닌 남성 입원 환자에 비해 자살률이 2배 가량 더 높은 것으로 나타났다.

컬그런(Kullgren, 1988)은 경계선 성격장애를 지닌 사람들의 자살률은 투옥 경험이 많을수록, 아동기에 상실을 더 빈번하게 경험했을수록, 입원 이전에 심리치료를 받은 경험이 적을수록, 이전에 자기파괴적 행동을 한 경험이 많을수록, 교육 정도가 높을수록 증가하는 경향이 있다고 보고하였다. ◆

참고문헌

원호택(2006). 이상심리학. 서울: 법문사.

American Psychiatric Association (2013). *Diagnostic and statistical manual of mental disorders* (5th ed.). Washington, DC: Author.

American Psychiatric Association (1994). *Diagnostic and statistical manual of mental disorders* (4th ed.). Washington, DC: Author.

Beck, A. T., & Freeman, A. F. (1990). *Cognitive therapy of personality disorders.* New York: Guilford.

Dowson, J. H., & Grounds, A. (1995). *Personality disorders: Recognition and clinical management.* New York: Cambridge University.

Grinker, R., Werble, B., & Drye, R. (1968). *The borderline syndrome: A behavioral study of ego functions.* New York: Basic Books.

Gunderson, J. G. (1984). *Borderline personality disorder.* Washington, DC: American Psychiatric Association.

Kernberg, O. T. (1975). *Borderline conditions and pathological narcissism.* New York: Jason Aronson.

Kullgren, G. (1988). Factors associated with completed suicide in borderline personality disorder. *Journal of Nervous and Mental Disease, 176,* 40–44.

Mahler, M. S. (1952). On child psychosis and schizophrenia: Autistic and symbiotic infantile psychosis. *Psychoanalytic Study of the Child, 7*, 286–305.

Mahler, M., Pine, F., & Bergman, A. (1975). *The psychological birth of human infant.* New York: Basic Books.

Marziali, E. (1992). The etiologicy of borderline personality disorder: developmental factors. In J. F. Clarkin, E. Marziali & H. Munroe-Blum (Eds.), *Borderline personality disorder.* New York: Guilford.

Masterson, J. F. (1989). Prologue: Evolution. In J. F. Masterson & R. Klein (Eds.), *Psychotherapy of the disorders of the self: The Masterson approach.* New York: Brunner/ Mazel.

Millon, T., & Davis, R. D. (1996). *Disorders of personality: DSM-IV and beyond.* New York: John Wiley & Sons.

Morey, L. (1985). An empirical comparison of interpersonal and DSM-III approaches to the classification of personality disorders. *Psychiatry, 48*, 358–364.

Sperry, L., & Carlson, J. (Eds.). (1996). *Psychopathology and psycho therapy: From diagnosis to treatment of DSM-IV disorders* (2nd ed.). Philadelphia, PA: Taylor & Francis/Accelerated Development.

찾아보기

《내 용》

◎ 저자 소개

조성호(Seongho Cho)

서울대학교 심리학과를 졸업하고, 동 대학원에서 박사학위(상담심리학 전공)를 받았으며, 상담심리전문가(상담심리사 1급) 자격을 취득하였다. 현재 가톨릭대학교 심리학과 교수로 재직 중이며, 대법원(법원행정처) 전문심리위원으로도 활동하고 있다. 동 대학교 학생생활상담센터장, 한국상담심리학회 부회장, 전국학생생활상담센터협의회장, 여성가족부 정책자문위원 등을 역임하였다. 주요 저서는 『분열성 성격장애와 분열형 성격장애』 『상담심리학의 기초』(공저), 『상담의 연구방법』(공저), 『청소년 위기상담』(공저) 등이 있고, 주요 역서로는 『긍정심리평가 모델과 측정』(공역) 등이 있다.

ABNORMAL PSYCHOLOGY 21

경계선 성격장애 나는 누구인가

Borderline Personality Disorder

2016년 7월 30일 2판 1쇄 발행
2024년 1월 25일 2판 5쇄 발행

지은이 • 조 성 호
펴낸이 • 김 진 환
펴낸곳 • (주) **학지사**

04031 서울특별시 마포구 양화로 15길 20 마인드월드빌딩 5층

대표전화 • 02) 330-5114   팩스 • 02) 324-2345

등록번호 • 제313-2006-000265호

홈페이지 • http://www.hakjisa.co.kr
인스타그램 • https://www.instagram.com/hakjisabook/

ISBN 978-89-997-1021-6 94180
     978-89-997-1000-1 (set)

정가 9,500원

출판미디어기업 **학지사**

간호보건의학출판 **학지사메디컬** www.hakjisamd.co.kr
심리검사연구소 **인싸이트** www.inpsyt.co.kr
학술논문서비스 **뉴논문** www.newnonmun.com
원격교육연수원 **카운피아** www.counpia.com